随中国健身气功代表团在中国驻加拿大温哥华总领事馆访谈留念
（左起：郭歆、崔建、刘劲铮、茅润龙、黄伟、杨柏龙、谢业雷）

参加全国健身气功科研骨干培训班

参加全国健身气功精英高级研修班

参加全运会开幕式

在三十三届加美国际武术锦标赛暨第一届加拿大健身气功国际邀请赛闭幕式晚会上合影留念（左起：刘劲铮、谢业雷、罗红仁、梁守渝、杨柏龙、崔建、古岱娟）

获加拿大温哥华市政府表彰

于法国巴黎中国文化中心教八段锦

于法国巴黎东方文化中心与众学员留影

应香港大学中医药学院邀请作《中医传统运动祛病与养生》专题讲座

接受华侨之声电台采访

新时代电视台新闻采访

新时代电视台专题采访

参加第二届国际健身气功学术论文报告会

在香港中医骨伤学会年会学术交流互动讲学

指导群众练功

对比教学示例图

健身气功·八段锦
精要理法阐微

崔建 著

人民体育出版社

图书在版编目（CIP）数据

健身气功·八段锦精要理法阐微 / 崔建著. -- 北京：人民体育出版社，2018

ISBN 978-7-5009-5404-0

Ⅰ.①健… Ⅱ.①崔… Ⅲ.①八段锦-基本知识 Ⅳ.①G852.9

中国版本图书馆 CIP 数据核字（2018）第 161638 号

*

人民体育出版社出版发行

三河兴达印务有限公司印刷

新 华 书 店 经 销

*

880×1230 32 开本 3.75 印张 80 千字

2018 年 10 月第 1 版 2018 年 10 月第 1 次印刷

印数：1—5,000 册

*

ISBN 978-7-5009-5404-0

定价：25.00 元

社址：北京市东城区体育馆路 8 号（天坛公园东门）

电话：67151482（发行部） 邮编：100061

传真：67151483 邮购：67118491

网址：www.sportspublish.cn

（购买本社图书，如遇有缺损页可与邮购部联系）

内容介绍

健身气功·八段锦是国家体育总局组织专家学者及传统八段锦各流派之代表，集传统八段锦功法之精华编创而成的一套以自身形体活动、呼吸吐纳、心理调节相结合为主要运动形式的传统运动祛病、健身养生术。它具有简单易学，行之有效等特点。

本书主要从医学和养生的角度，针对健身气功·八段锦各式功法所蕴涵的文化和作用原理，运用健身气功和中医理论，辅以运动解剖学、生理学、心理学，以及人体生物力学等知识，进行了详细的分析和解读，并结合作者习武练功、教学多年的实践经验，详细地阐述了各式功法的动作要领和体悟方法，可操作性强，对读者认识中国传统文化，学好健身气功·八段锦具有很好的作用。

书中内容涵盖了三调（调身、调息、调心）、气机规律、人体生命整体观、阴阳五行、脏腑经络、丹田、命门、精气神等健身气功和中医运动养生的精要知识，是一本难得的学习健身气功精要理法的好书。对广大健身气功爱好者，以及从事健身气功教学工作者、物理运动治疗师、中医骨伤医生等在理论和方法上也具有一定的参考价值。

序一

一册值得分享的健身气功理法

杨柏龙

收到崔建请我为他即将出版的《健身气功·八段锦精要理法阐微》一书写序的信息，甚为其在健身气功领域所取得的成绩欢欣和喝彩。

崔建是我最早在广东推广健身气功时的第一批学生。他从小酷爱武术、气功，曾师从多位武术名师，通晓多种拳法和长短兵器，尤善南拳和太极拳。他由于诚实好学，潜心中国传统文化与武术及健身气功的研究，勤练善悟，功夫及学术均达一定的水平，而且教学认真，功法示范到位，讲解详细，深得学员群众、师友和领导的喜爱，被选为国家体育总局对外健身气功教练员和科研骨干培养对象，并派往法国、加拿大等国家进行健身气功教学。说到这儿，不禁使我想起在加拿大进行健身气功教学和比赛的愉快情景，在比赛开幕式上，我高兴地见证了温哥华市政府对崔建健身气功教学工作的肯定和表彰。现重阅崔建的文章，看到他在教学科研方面特有的敏锐视角和创新方法，甚值得与大家分享，如他撰写的《利用“节分点”教好健身气功》，对初学者掌握动作路线，做到动作准确到位有很好的帮助；又如《运用意识引动形体的教学方法研究》，对深入掌握调身要领，直观有效；再如崔建将传统武术言传身教的教学方法与运动生理学之本体感觉理论相结合创新而成的《动觉教学法》，能将一些抽象的武术、气功技术和理论具体化、形象化，容易让人理解和掌握。崔建这些教学方法也全部体现在本书每式动作要领和体悟部分中，特在此向大家作一提示。

本书最具特色的是，从医学和养生角度，针对健身气功·八段锦各式动作所蕴涵的文化和作用原理作了深入的分析和解读，以及详细地阐述了各式功法的动作要领和体悟方法。对读者认识中国传统文化，学好健身气功·八段锦具有很好的作用。同时对从事健身气功教学工作者和爱好者在理论和方法上也具有一定的参考价值，可作为健身气功·八段锦教材的补充。

崔建这种勤奋好学，勇于创新的精神，令我甚感欣慰，作此短文，为贺，亦为序。

2017 年 11 月 19 日写于北京

（注）本文作者系北京体育大学教授，健身气功·八段锦编创组组长，健身气功九段，享受国务院政府特殊津贴。

序二

充满中医智慧的自我保健良方

陈建萍

八段锦是中医传统运动祛病与养生方法中最为常用的功法之一。它蕴涵了中国优秀传统哲学和医学文化，充满了中医养生智慧，是人们强身健体、养生康复的自我保健良方，也是我院中医养生课程中选修的运动养生功法之一。

本书作者崔建是我院（香港大学中医药学院）特邀的中医运动养生课程导师。在我的心目中，他既是一位能讲能做、能文能武的优秀学者，又是一位教学经验丰富的武术、运动养生导师。不仅我对他的评价高，许多学生，以及听过他讲学的人对他的评价也相当高。给我印象最深的是在香港中医骨伤学会举办的学术交流年会上，崔建的讲解和示范，以及与全场的互动，赢得了全场专家学者的肯定和称赞，有位教授在讲到与气功治疗相关的知识时，还特别赞扬了崔建。好的评价来自好的功夫，好的功夫来自个人的刻苦和努力。崔建习武练功的刻苦在师友中是出了名的，而在中医学习中的努力却鲜为人知。他法古效今之贤，对中医传统运动祛病、养生文化的钻研，以及用中医理论阐释运动养生之奥秘，既细且深，凡遇实用有效之经典，定必躬身实践，深究不懈。

这种孜孜不倦，求真务实的学风，成就了他今天过硬的技术和理论，先后在《健身气功》及中医相关杂志报刊发表专业论文和运动处方60多篇。本书也是他习武练功、学医多年的经验之作。

综观本书，有三个显著的特点：①功法内涵丰富，涵盖了中医整体观、阴阳五行、脏腑经络、精气神等理论知识精要内容；②功法原理分析透彻，阐述清晰，科学有据；③功法要领和体悟方法部分理法精辟，可操作性强，能让人按书索法深入了解八段锦的功法要点，以及掌握科学的练功方法。

就养生保健而言，本书可称得上是一本充满中医智慧的自我保健良方，又是一串认识中医养生文化，把握八段锦修炼方法，开启健康财富的金钥匙。今值其著作即将出版之际，我欣然动笔庆贺，并热切盼望广大读者利用好本书，学好、练好健身气功八段锦，提高自身防治疾病的能力，享受健康生活！并将这充满中医智慧的自我保健良方向世界推广普及，为弘扬中国优秀传统文化，促进人类健康服务！

2017年11月18日写于香港

（注）本文作者系香港大学中医药学院副教授、博士生导师、香港大学中医诊所驻诊医生。

目 录

认识三调　学好预备势

三调（调身、调息、调心）是气功锻炼的三大基本要素，因此认识和了解三调的作用和原理，以及掌握三调在功法中相结合的方法和要领，对学好、练好、教好健身气功具有重要意义。本文拟以健身气功·八段锦预备势为例，谈谈本人对三调的认识，以及三调在功法中的应用技法。

一、认识三调

健身气功是以自身形体活动、呼吸吐呐、心理调节相结合为主要运动形式的民族传统体育项目，是中华悠久文化的组成部分。从这一定义中可知健身气功主要是由调身、调息和调心三大练功要素组成。那么调身、调息、调心具有什么样的作用？其原理又是什么呢？

1. 调身的作用与原理

调身，就是指练功者按照功法要领要求调控自己的身体，以达到形正气顺、经脉畅通、气血运行的目的。健身气功的功法众多，而且每种功法动作都具有各自特定的姿势形态和调身方法要求。综观众多功法动作和方法，其调身要求都是为达到练功目的（增强体质、防治疾病）服务。因此，各种功法动作的调身方法都是更有利于身体内部气血运行的需要。例如，《遵生八笺》中指出，禅坐中要做到厚铺坐褥，宽解衣带，端身直脊，唇齿相着，舌柱上腭，微开其目，常视鼻端。这是因为厚铺坐褥，可使人的形体不易疲倦；宽解衣带，可使气运不滞；端身直脊，可使形松体正，气血运行顺畅；唇齿相着，舌柱上腭，可使任督两脉畅通而无泄漏之患；微开其目，常视鼻端，具有防止头昏眼睡现象及静心宁神作用。又如北宋道士、内丹学家张紫阳在《金丹四百字》中指出调身练势时要做到“含眼光，凝耳韵，调鼻息，缄舌气，是谓和合四象”，这是因为中医认为五脏与精神意识和思维活动相关连，具有心藏神、肝藏魂、肺藏魄、脾藏意、肾藏志的关系；又有肝气通于目、肾气通于耳、肺气通于鼻、心气通于舌、脾气通于口的五脏与五官相对应的关系。故有语：目不视而魂在肝，耳不闻而精在肾，舌不声而神在心，鼻不香而魄在肺，四肢不动而意在脾的五气朝元之说。这样调身练功，则可达到魂在肝而不漏于目，魄在肺而不漏于鼻，神在心而不漏于口，精在肾而不漏于耳，意在脾而不漏于四肢孔窍。做到这样的无漏，则可以使神、魂、魄、意、志各安其位，五脏安和，起到形健气足的健身效果。再如健身气功·易筋经的打躬势动作，其动作方法是两臂屈肘，两掌掩耳，十指扶按于枕部，指尖相对，随之，身体前俯由头经颈椎、胸椎、腰椎、骶椎，由上向下逐节缓缓牵引前屈，两腿伸直，目视脚尖，稍停片刻。然后由骶椎至腰椎、胸椎、颈椎、头，由下向上依次逐节伸直后还原成直立姿势（这样的动作重复2遍，第一遍前屈小于90°，第二遍前屈约等于90°，第三遍前屈大于90°）。其调身动作原理在于：中医认为“督脉为阳脉之海”，总督一身阳经之气；通过头、颈、胸、腰、骶椎逐节牵引拔伸，可刺激背部督脉及足太阳膀胱经，使全身经气发动，阳气充足，起到强身健体作用。

为了让大家对调身作用有更深的认识，我们再从中医学的角度对健身气功易筋经“摘星换斗势”的动作进行分析，可发现：

①当做“摘星”动作手臂在腰胯旁时，腰、背、颈肌相对拉伸、绷紧，而当做“换斗”动作手臂在头肩上方时，腰肌相对放松，背、颈肌换另一个方向拉伸、绷紧，而且在“摘星”与“换斗”的转化过程中存在腰、背、颈以及胸腹等肌肉产生紧松紧的运动变化。这种紧松紧的运动变化，对任脉、冲脉，特别是督脉、膀胱经，以及其他经络穴位都能起到有效的良性刺激作用，对畅通经络气血、平衡阴阳、调理内脏具有重要作用。②其旋腰转脊及脊椎屈伸的动作与现代中医骨伤科正骨手法相同，具有正骨、强脊、健腰的功用，可称得上是一种脊椎的自我治疗康复功能训练方法。

由上可知，健身气功的调身动作与中医的针灸、推拿按摩以及正骨疗法一样，都具有刺激经络，调节经脉，使气血运行通畅，内壮脏腑，外强筋骨，防病治病的作用。

2. 调息的作用与原理

调息就是指练功者有意地注意或调控自己的呼吸方法。现代医学实践证明，通过有意识地注意和调控呼吸锻炼，既可使人注意力集中，起到排除杂念作用（让思想进入一种安静状态，这对大脑来说，是一种良好的休整活动），也可以调整和控制呼吸的次数和深度，起到改善人体呼吸系统和各组织器官的生理功能作用。如经常进行深长的呼吸锻炼，可增强横膈肌的升降能力，增大或缩小胸腹腔容积的变化程度，一方面可使人体更有效地吸入大自然的清气，以及呼出体内浊气；另一方面对内脏器官也有较大的影响，有类似按摩或运动内脏的作用，能起到改善肠胃等内脏器官功能的效果。此外，现代医学研究还表明，呼吸的长短、深浅、粗细的不同，可对神经系统起到不同的作用，特别是对植物神经（含交感神经和副交感神经）的作用更为明显，如日常生活当中，我们都经常利用深呼吸方法来消除紧张不安的情绪。这是因为脏腑器官的功能主要是通过植物神经调节来控制的，而深呼吸正是通过作用于植物神经，进而调控心脏的跳动频率而实现的。因此呼吸的调节对改善脏腑器官的功能具有重要的意义。同理，健身气功六字诀中的六个字吐音也是通过六种不同的口形发音，产生六种不同的气流，而相对应于六个不同的脏腑起调节作用。由此可见，调息活动也是防治疾病的有效方法。

3. 调心的作用与原理

调心，是指练功者在练功过程中对自我精神意识和思维活动的心理调控，也即是指练功者的意念活动。人的意念活动，也是中医所指的心神活动，在中医诊断和治疗中占有重要的地位。中医认为，人的心神活动对人体气机的调节具有重要的作用。如中医著作中常有“怒则气上，喜则气缓，思则气结，悲则气消，恐则气下，惊则气乱等”之说。俗话也讲：“人逢喜事精神爽；良言一句三冬暖，恶语伤人六月寒。”可见不同的心神（心理）活动，对人体气机和生理具有不同的作用影响，良性的心神活动对人体具有良好的生理调节作用，有利于身体健康，而负面的心神活动对人体具有不良的生理作用，危及身体健康。古代医家和养生家认为，调心凝神，能加强真气，增强体质，促进身体健康。这正如《素问·上古天真论》中所指出：恬惔虚无，真气从之，精神内守，病安从来。再如，明代名医徐春圃在《古今医统》中指出，

"形者生之气也，心者形之主也，神者心之宝也。故神静而心和，心和而形全，神躁则心荡，心荡则形伤。将全其形也，先在理神，故怡和养神，则自安于心，清虚接心神，则不诱于外。神怡心清，则形无累矣"。《黄帝内经》更明确指出，"心者五脏六腑之大主也""主明则下安，以此养生则寿"。从上古人对心神的论述可以看出，通过静心宁神的方法练意，可使心神安宁，五脏六腑各安其位，发挥各自应有的生理功能，起到促进身体健康的作用。现代研究也证明，人的意念活动也能间接支配植物神经系统管理的内脏活动，通过意守、入静等心神意念锻炼，可调节许许多多的生理功能。由此可见，健身气功的调心活动符合人体生理、心理、医学的作用原理，通过健身气功的调心锻炼，可以起到预防和治疗疾病的有效作用。

二、健身气功·八段锦预备势的动作方法

顾名思义，预备势就是为练功而做的准备动作、姿势。由上而知，健身气功主要由调身、调息、调心三大要素组成，那么，预备势的动作编排也要围绕做好调身、调息、调心的目的而进行。健身气功·八段锦的预备势就是根据三调的要点，分两步进行，首先是要求两脚并拢，头正身直，下颏微收，舌自然平贴于上腭，两臂各关节放松自然下垂，两手五指自然并拢，中指对于裤缝线处（即风市穴），全身放松；呼吸自然，两眼平视，目光内含（图 1）。这样可使形体达到初步的中正安舒，心神宁静。接着第二步是运用意识松腰沉髋，使身体重心移至右腿，右腰胯下沉，左腰胯上升，形成一上一下的阴阳关系，开启腰部命门气的出入枢纽，启动气机，

进而带动左脚向左侧开步，成脚尖朝前、约与肩同宽的开立步，目视前方。接着沉肩坠肘引动两臂内旋，两掌分别向两侧摆起，约与髋同高，掌心向后（图2）。随之两掌外旋转掌心向前，继之以腰摧动肩胛向外向前带动肩、上臂、肘、前臂、腕关节、手掌、指，节节贯穿，使两掌向前合抱，拢气于腹前呈圆弧形，与脐同高，掌心向内，十指相对，两掌指间距约10厘米。同时尾椎向下松沉，坐胯溜臀，双腿略弯，形成抱圆桩（图3）。在此基础上，按功法要领进一步运用意识调节身体，使身体更加中正安舒，然后将意念放在丹田处，观视自己的丹田（积神生气），逐渐进入练功的状态。

图1

图2

图3

三、健身气功·八段锦预备势功法原理

本势功法原理主要是通过以意引动形体的调身、调心、调息相结合的活动，一方面，达到排除杂念，端正身形，合而作用于身心，能使经络畅通，心神宁静，从而起到内安五脏、外强筋骨的锻炼效果。另一方面，本预备势的功法动作

活动能起到以下几方面的作用：①使体温适度升高，提高酶的活性，增强氧运输系统的活动，使肺通气量、吸氧量和心输出量增加，心肌和骨骼肌中毛细血管网扩张，工作肌能获得更多氧和能量供应，从而克服内脏器官的生理惰性，缩短进入工作状态的时程。②降低肌肉的黏滞性，增强肌肉的伸展性、柔软性和弹性，从而预防运动损伤。③提高神经中枢的兴奋性，调节练功前不良的心身状态，使大脑反应速度加快，参加活动的运动中枢间相互协调，从而增强内分泌腺的活动，为使正式练习时生理功能迅速达到最适宜程度做好准备。④使注意力从其他方面转移到准备活动上来，使意念集中，心神宁静，为正式练功时达到三调合一做好心理和呼吸上的准备。由此可见，本预备势动作活动已从精神与肢体上做好了功前准备，为后面功法锻炼打下了良好的基础。

四、健身气功·八段锦预备势功法要领和具体操作方法

1. 无极生太极，一动节节动

本势动作从双脚并拢开始，就要运用意识导引百会上领，头顶青天，尾骨松沉，脚踩大地，让自己和大自然融为一体；同时体悟脊柱椎骨之间，有节节松开，上下对拉拔长，好像长高了的本体感觉。此外，还要做到目光内含，意想口齿轻合，舌自然贴于上腭，搭好鹊桥，接通任督两脉。此时，重心落于两脚之间，未分阴阳，此即为无极状态。然后有意识地诱导身体各部位从上到下，从里到外，四肢百骸，五脏六腑进行全身放松，体悟身体舒适自然，毫无紧张之感。然后

重心右移，右腰胯微下沉，左腰胯微升，由左腰胯领大腿，大腿带小腿，小腿带脚掌，节节松提，使脚掌离地向左开步，并逐渐过渡到抱圆桩。这一过程从重心右移分成阴阳而生太极开始，以腰动带动全身，并以腰为动力，节节带动，贯穿全身各关节。如当左脚落地生根后，重心缓缓移到两脚之间，接着不停，沉腰坐胯，带动肩胛下沉（上下相随），同时摧动肩、上臂、肘、前臂、腕、掌、指，节节涌动向前环抱成抱圆桩。这一过程就是无极生太极，一动节节动的运用意识引动形体的具体方法，也即调身、调心相结合的方法。

2. 丹田为中心，周身分阴阳

成抱圆桩后，在站桩过程中，首要以丹田为中心，以意调节身体使头部向上领起，尾骨向下松沉，形成上下相对的阴阳关系；随之使两肋、两肩胛骨、两肩关节向外松开（松肩、空腋）形成左右的阴阳对称关系；同时命门后引使背部后撑，两掌前撑引臂向前掤，形成前后阴阳对称关系。再以此为基础，意想周身以丹田为中心向四面八方外撑，同时两臂双掌及身体形成的圆又有向内收拢之意，形成内与外的阴阳关系。这样的阴阳相挣态势能让周身充满掤劲，对全身各部位、各关节的松开具有重要意义。

3. 松腰开命门，掤圆通经脉

打开命门是本势动作的核心要领。有语云，命门不开通，白练而无功！因为，命门在中国传统养生当中有“生命之门”之称，认为命门是人体先天之气蕴藏处，人体生化的来源，生命的根本。命门又是肾间之动气，是气出入的关键之处。练功时，只有打开命门，才能使肾中藏有元阴、元阳化生元气，注于气海以滋养全身。那么，如何打开命门呢？具体操作是以意调动百会上领，尾骨臀部下坐，并意想腰椎及其韧带、腰两侧肌肉等放松，逐步改变腰部的自然弯曲状态，使腰部伸直，但不要硬挺，而是上下牵拉，好像各脊椎骨轻轻重叠在一起。如用手摸腰部，可感觉腰部椎骨正直且肌肉松柔，则为正确。另一方面，要求做到含胸拔背（即是先呼气，使两个肩井穴与膻中穴形成的三角区域松沉而内含；同时两肩向外松开，两肩胛骨放松下沉，而大椎向上领起，形成左右上下对拉把背部拔开的姿势）、松肩空腋、肘坠而悬（也即肘部放松下垂的同时又要有虚悬之意）、坐腕、含掌、舒指，使周身充满掤圆之劲。这样可使胸腔开扩，心肺安于胸中，则全身经脉交接和畅，气血流通，上肢则有轻飘之势，气感可直达掌指，舒畅而愉悦。

4. 以意调呼吸，自然而舒适

首先以自然舒适的呼吸为标准，不可过分讲求呼吸。但如能按动作要求端正形体并有心静体松、心情舒畅的身体感觉后，就要结合调心要领进行调整呼吸 3 次（也就是吸气时意想肚脐与命门相合，呼气时命门与肚脐松开），然后就有意无意地守着丹田，那么呼吸就会自动地进行调整，做到不调而自调，并自动形成细、深、匀、缓的练功呼吸状态。

综上所述，可以发现，无论哪种功法动作，皆包含了调身、调息、调心三大要素，而且三者之间存在着以下的关系：调身是基础，调息是中介，调心主导调身和调息。它们之间相互依存、相互制约。因此，要学好健身气功，必须认识和掌握三调的关系，并运用其结合的方法规律进行锻炼，才能逐渐达到三调合一的理想境界。

认识气机规律
学好两手托天理三焦

常言道："气功、气功，就是练气的功夫！"那么如何从"气"的理论去认识和学好两手托天理三焦呢？本文从中医角度，运用气的运动原理对两手托天理三焦理法进行详细研究，以揭开其功法内涵和锻炼要旨，为进一步学好健身气功，提高锻炼效果服务。

一、气的运动知识

中医认为，气是构成人体和维持人体生命活动的最基本物质，运动是气的存在形式及固有属性，气的运动称为气机。人体的气处于不断的运动之中，它流行于全身各脏腑、经络等组织器官，无处不到，时刻推动和激发着人体的各种生理活动。那么气的运动有什么规律呢？古人以升、降、出、入四字来说明气的运动规律和具体表现形式。其中，升，是指气行向上；降，是指气行向下；出，是指气由内而外；入，是指气由外而内。升者升其阳，降者降其阴，出者吐其故，入者纳其新。升降侧重里气与里气相回旋，侧重体内的气化过程；出入侧重里气与外气相交接，侧重人体与外界环境的物质交换。例如，肺的呼吸功能，呼气是出，吸气为入；宣发是升，肃降是降。又如，脾胃主消化，脾主升清，以升为健，胃主降浊，以降为和。

在人体生命过程中，升降出入是人体气化运动的规律，是生命活动的体现。升与降、出与入，以及升降与出入，相互为用，相反相成，共同完成人体内部及其与外界环境之间的气化过程。中医认为，人体的生命活动有赖于气的升降出入运动才能实现，诸如呼吸运动、水谷的消化吸收、津液代谢、气血运行等无一不是脏腑气机升降出入作用的结果。

那么脏腑气机有什么样的运动规律呢？

中医认为，气的升降出入，只有通过脏腑经络的生理活动才能具体表现出来。其规律主要表现在阴阳的相互关系上，一般来说，五脏贮藏精气，宜升；六腑传导化物，宜降。就五脏而言，心肺在上，在上者宜降；肝肾在下，在下者宜升；脾居中而通连上下，为升降的枢纽。左右为阴阳之路，肝主生发，从左而升，肺主肃降，从右而降，肝左肺右，犹如两翼，为气机升降的道路。六腑，虽然传化万物而不藏，以通为用，宜降，但在饮食物的消化和排泄过程中，也有吸收水谷精微、津液的作用。如胆之疏泄胆汁、胃之腐熟水谷、小肠之泌别清浊、大肠之主津液等。可见，六腑的气机运动是降中寓升。人体是一完整的统一体，不仅脏与脏，腑与腑，脏与腑之间处于升降的统一中，而且每一脏腑本身也是升与降的统一，即升降中复有升降。由此可知，脏腑的气机升降运动体现出阴阳对立统一的矛盾运动特点。

古代人体生命整体观认为，各脏腑组织不仅各自进行升降出入运动以完成各自的新陈代谢，而且各脏腑之间的升降出入运动又相互制约，共同完成整个机体的新陈代谢，保证生命活动的基础物质的不断自我更新。因此，从整个机体的生理活动来看，升和降、出和入之间必须协调平衡，才能维持正常的生理活动。如果人体某脏腑的气机升降出入受阻，则脏腑之间的升降就会失衡，中医称之为气机失调。如由于某些原因，使气的升降出入运动受到阻碍，称作气机不畅；在某些局部发生阻滞不通时，称作气滞等，这些都是气机失调的表现。而通过药物、针灸、按摩、导引等方法进行调节脏腑、经络之气的升降出入之间的平衡，使血脉通行，脏腑调和，则称为调畅气机。由此可见，气的升降出入运动，又是协调平衡各种生理功能的一个重要环节。

健身气功·八段锦的动作编排非常符合人体生命气机的升降出入规律，其作用机理就是让动作与人体气机的升降出入相符，起到调畅气机，使脏腑之间气机更加协调和顺畅，从而增强各内脏器官功能，达到强身健体、康复保健、提高人体生命质量的作用。

二、两手托天理三焦的气机作用原理分析

两手托天理三焦的动作主要是以古代人体生命观为基础进行编排的，其中气机的升降出入是功法动作作用原理的核心内容。那么其气机作用原理主要表现在哪呢？

具体分析如下：

两手托天理三焦的“两手托天”是指功法动作的外形及定势时的意念活动，“理三焦”则是指其动作的作用功效。其意思是通过两手托天的外导内引动作，起到调节、畅通三焦的作用。

那么，为什么两手托天能起到调理三焦的作用呢？

综观其动作结构和要点，从气机的升降出入角度，可以发现，两手从小腹前缓缓上托是通过意识导引丹田之清气向上经过腹胸至头顶及双臂、两掌而出与天气相接，而双脚踩踏入地

引丹田之浊气下降由足底涌泉穴而出，与地气相接，形成天地人合一的“开”炼气状态。特别是两手托天的定势时，气机升与降达到最大的阴阳对立统一，对身体产生强而有力的对拉拔长牵伸作用，牵动了经络之气，畅通了经络气机，进而调整人体全身生命活动；引导了机体组织结构周围气的升降出入，以及气机的升降，使三焦中的心肺、肝胆、脾胃、大小肠、肾和膀胱等脏腑器官得到舒展，其气血也得到相应调节。当两臂由体侧下落时，要求由腰至胸，由胸至肩，由肩至臂、由臂至手，逐节依次放松，两臂及手自然顺势分开，从身体两侧下落于腹前，使扩张后的胸腹腔还原，脏腑器官放松。与此同时，通过意识导引采天之精华由头顶而入，经颈胸、腹下降至丹田；同时导引地之精华经脚底涌泉穴而入，经腿上腹亦至丹田与天人之气相合，形成天地人三才合一的另一种“合”之炼气状态。这样通过两手的一上一下与丹田的一开一合的外导内引，以及三焦中的脏腑器官的一张一缩、一紧一松的运动变化，内脏器官及其气机得到相应的调和，从而起到理三焦的作用。由此可见，两手托天的动作完全符合天人合一整体生命观、阴阳变化及气机的升降出入规律，具有增强和促进气化的作用，是使机体内部以及机体与环境之间达到阴阳平衡的一种简单而有效的方法之一。

三、两手托天理三焦的动作要领和体悟方法

《健身气功社会体育指导员培训教材》中表明，两手托天理三焦动作是由两掌五指分开在腹前交叉，掌心向上，目视前方开始，两腿徐徐挺膝伸直；同时，两掌上托至胸前，随之两臂内旋向上托起，掌心向上；抬头，目视两掌。接着，

两臂继续上托，肘关节伸直；同时，下颏内收，动作略停；目视前方。随之身体重心缓缓下降，两腿膝关节微屈；同时，十指慢慢分开，两臂分别向身体两侧下落，两掌捧于腹前，掌心向上，目视前方结束（图 4~图 10）。如此重复 6 次。

图 4

图 5

图 6

图 7

图 8

图 9

图 10

综观其动作方法，如何去体悟其动作要领呢？根据气机作用原理及本人的练功体会和教学心得，认为应从以下三步来体悟：

1. 以意调形，以形顺气

首先，应主动地运用意识调整身形（包括动作路线和过程等），使身体的运动与气机的运行相符，也即动作的升降开合与气机的升降出入同步，协调一致，从而让气的运行更加顺畅，进而达到气血通畅自然、强身健体的目的。具体操作方法是：运用意识使身体在松静自然的状态下，两手随两腿徐徐挺膝伸直缓缓上托至胸前，随即仰头带动两手内旋，转至头顶上方，掌心向上，接着下颏内收，双掌继续上托直臂，使双手如同伸向无限远的天空，似托天状，同时，意想尾闾下沉，双脚踩踏入地无限深之处，形成上下对拉拔长的阴阳对立统一态势，略停。这时你会察觉，腰腹自动相合成提肛收腹之势，整条脊柱、两肋、腰背和双腿则皆有伸筋拔骨的肌肉拉伸之感。可见，以意调形能使气（劲力）在轻松柔和中达到四梢（手和足），同时身体的肌肉筋骨得到最大的拉伸。随后由腰至胸，由胸至肩、至臂、到手，逐节依次放松，两臂、两手顺势分开，从身体两侧下落于腹前，使扩张后的胸腹腔还原，脏腑器官放松。如在上升时配合吸气，定势时略停呼吸（约2秒），两手下落时呼气，你会察觉，体内之气随两手的上托而上升，随两手的下落而下降，非常顺畅舒适而自然。由此可见，通过运用意识主动进行调整动作的形体运动，能使形体的升降开合与气的升降出入更加吻合，气血运行更加流畅，真正达到形正气顺的练功目的。

2. 以意引气，以气导形

当以意调形，形正气顺后，则进一步运用意识炼气、调气。当丹田气足后，则以意引气，以气导形，进而达到意到气到，气动形随，形意气三位一体的练功状态。具体操作方法是：运用意识导引丹田之清气由腹上胸后分两支，一过颈及头而出与天相合，一经肩及臂达腕于手与天相合，同时在清气上升过程中以意到气到，以气摧动双手内转上托，以及身体向上撑伸，犹如两手托天、头顶天之势。与此同时，运用意识导引丹田之浊气下降经尾闾沿双腿达脚底涌泉而出与地相合，同时在浊气下降过程中，以意到气到，以气摧动尾闾下沉中正，以及双腿向下撑伸之势。至此略停，则自然形成丹田的“开”之势而气达四梢之象。随之运用意识“合”丹田而引天之精华（天气）由上而下、地之精华（地气）由下而上复归于丹田，同时以气摧动全身由丹田向四周逐节放松，双手侧落还原拢抱气于腹前。这一开一合的过程，一开俱开，一合俱合；开则力达四梢，合则气蓄（聚）丹田。这样以意引气，以气导形的丹田开合练功方法，正好与气的升降出入相一致，有利于气机的调畅和气血运行；同时也完全符合天人合一的生命观，是一种行之有效的炼气方法。

3. 以神注形，开合得度

在进行以上两步的过程中，还要做到以神注形，也即是以神念形，使意识更加专一；以神观形，使形更加准确到位；以神入形，使形气神三位一体，相互为用、相互促进、相互转化，正如古代养生家所说：“积神生气，积气生精，炼精化气，炼气化神。”这样才能做到形的升降开合得度，气的升降出入得当，真正获得形正气顺，气血通行无阻，形与神俱，如期达到“引体令柔，导气令和”的锻炼效果。

综上所述，可以发现，气机在健身气功修炼中具有重要的地位。学习和了解气的运动知识，把握气机的规律，对学好健身气功具有重要作用。希望大家透过两手托大理三焦的动作原理和方法要领的分析，能融会贯通，全面把握八段锦的功法原理和要领，并学以致用，运用气机的规律指导自己的练功实践，达到更好的锻炼效果。

认识阴阳

学好左右开弓似射雕

健身气功·八段锦的左右开弓似射雕动作，有虚有实，有上有下、有左有右、有张有弛、有刚有柔等，而且刚与柔不断相互转化、刚柔相济、虚实相兼，所有这些无不体现着阴阳哲理的文化内涵。因此，加强阴阳学说方面知识的学习和研究，利用阴阳的运动规律指导健身气功的练习实践，对掌握健身气功的功法要领，提高健身气功的锻炼效果具有重要意义。

一、阴阳的解读

阴阳是中国古代朴素的对立统一理论，属于中国古代唯物论和辩证法范畴。阴阳的最初涵义是指物体对日光的向背，向日为阳，背日为阴，后引申为气候的寒暖，方位的上下、左右、内外，运动状态的躁动和宁静等。中国古代的哲学家们认识到自然界中的一切现象都存在着相互对立而又相互作用的关系，因此就用阴阳这个概念来解释自然界两种对立和相互消长的物质势力，并认为世界是物质性的整体，世界本身就是阴阳两气对立统一的结果。例如，《国语·周语》用阴阳的观点对自然界各种现象进行了观察、体会、综合及概括，认为阴阳既是宇宙万物的基本属性（一般认为凡是运动的、外向的、上升的、温热的、明亮的都属于阳，而相对静止的、内守的、下降的、寒冷的、晦暗的，都属于阴)，又是世界物质生成、变化、发展的根本。老子亦云："万物负阴而抱阳，冲气以为和"，认为事物本身具有矛盾性质，包含两个对立方面，一切都是由对立的阴阳两个方面构成的，阴阳之间既对立又统一，这是事物相互存在的条件，也是事物变化发展的源泉。又如《黄帝内经素问·阴阳应象大论》中开宗明义地说："阴阳者，天地之道也，万物之纲纪，变化之父母，生杀之本始，神明之府也。"又云："清阳为天，浊阴为地；地气上为云，天气下为雨。"这些都是讲宇宙间的任何事物无不包含着阴、阳相互对立的两个方面，世界本身就是阴阳二气对立统一的结果。

事物的阴阳属性不是绝对的，而是相对的，主要反映在如下几方面。首先是自然界中对立着的事物不是静止不动的，而是在运动变化中相互作用。阴阳的相互作用称之为阴阳交感，又名阴阳相推、阴阳相感。阴阳交感表现为阴阳的对立制约、互根互用、消长平衡和相互转化。如在一定的条件下，阴阳之间可相互转化，即由阴极可转化为阳，由阳极也可转化为阴，阴阳互为其根。例如白昼与黑夜，天气晴朗和阴雨、炎热和寒冷，肌肉运动的刚与柔，一年春夏秋冬四季的温、热、凉、寒气候的变化等。其次是阴阳有主次之分，如事物阴中寓阳时，阴为主，事物呈阴性；阳中含阴时，阳为主，事物呈阳性。再次是事物无限的可分性，任何事物内部都可分阴面和阳面，而事物中阴阳各方可再分阴阳，即阴阳之中分阴阳。正如《素问·阴阳离合论》曰："阴阳者数之可十，推之可百，数之可千，推之可万，万之大不可胜数，然其要一也。"

由此可见，阴阳就是中国古代哲学家用来指导认识和分析事物的属性，推断事物形成和发展变化的哲学。

二、左右开弓似射雕的内涵解释

顾名思义，左右开弓似射雕的名称就是根据功法的外形取名，“左右”指方向向左或向右，“似射雕”就是指好像拉弓射雕的动作。要做好射雕动作，就必须开步站稳，向左脚或向右脚方向目标描准，以及展肩扩胸、一手直臂向目标方向撑伸，另一手屈肘拔拉，使弓满弦圆，处于掤紧若射、一触即发之势。从阴阳学说角度分析，首先可发现开步过程就存在重心虚实的变换及上下升降的阴阳转化过程。在做左侧开弓射雕动作时，重心需先右移，则左脚由实变虚，同时右胯下沉，左胯上提。当左脚着地后，左脚再随重心左移由虚变实而使重心移于两脚之间。这一重心的虚实变化过程，对腰胯及腿脚的肌肉又发生相对的松紧变化，特别是腰肌发生的一升一降，一紧一松，是启动气机的关键。中医认为腰为肾之腑，肾主纳气，又认为腰间命门为两肾之间动气，是气出入的主要门户，所以腰部产生的阴阳变化对炼气具有重要的意义。正如拳经所云：“刻刻留意在腰间。”这样一个简单的开步动作，已表现出了虚与实、左与右、松与紧、上升与下降等的阴阳变化，可见，阴阳在练功中是何其重要！其次再来看开弓定势动作，可发现头顶百会上领与尾闾的下沉、左臂撑伸与右臂对拉、胸背的开与合等，无不反映了阴阳的相互对立与统一。

那么，这些对立与统一的阴阳运动变化对身体有什么作用？其作用机理又表现在哪儿？

我们逐个分析如下：①头顶百会上领与尾闾的下沉，对脊柱具有对拉拔长作用，这犹如中医骨伤治疗的牵引，对防治脊椎疾病具有重要的意义。与此同时，这也是练功要求身体放松的重要方法，对促进气机流畅，气血运行具有重要作用。②左臂撑伸与右臂对拉，能使胸臂各关节松开，对拉拔长，让胸部得到充分舒张，从而起到调节心、肺功能的作用。③左掌成“八字掌”使掌心的劳宫穴松空与右臂屈肘的紧实，对防治心肺疾病具有重要意义，也是本式功法的核心作用。中医认为，“心肺有疾，其气留于肘”，通过肘关节一屈一伸、一紧一松地运动，对促进肘关节气血运行具有重要作用。同时劳宫穴是心包经的荥穴，通过劳宫穴松空调节心包经而作用于心，可起到养心、健心作用。劳宫穴也是古人炼气的要窍，认为劳宫穴松空有利于气的出入。因此，这式的功法要领，对防治心肺疾病，以及炼气具有重要作用。④胸开与合背，能使胸部云门、中腑及背部的心俞、肺俞、夹脊等俞穴一开一闭，可刺激督脉和背部俞穴，以及手三阴三阳经等，起到开闭行气、通调血脉的功效。此外，这样的阴阳对立统一定势，能使身体达到四平八稳、八面支撑的平衡效果，对提高身体的稳定性和平衡能力具有重要的作用。

再有通过意注商阳穴，可通过刺激大肠经作用于与其相表里的肺经，达到调理心肺功能的作用。由此可见，所有这些，对肌肉、筋骨、经络、血脉，以及心理的调节锻炼都具有重要作用，是健身气功达到强身健体、防治疾病的有效方法。

三、左右开弓似射雕的动作要领和体悟方法

《健身气功社会体育指导员培训教材》中表明，左右开

弓似射雕动作是由身体重心右移开始，左脚向左侧开步站立，两腿膝关节自然伸直；同时，两掌向上交叉于胸前，左掌在外，两掌心向内，目视前方。接着两腿徐缓屈膝半蹲成马步；同时，右掌屈指成“爪”，向右拉至肩前；左掌成八字掌，左臂内旋，向左侧推出，与肩同高，坐腕，掌心向左，犹如拉弓射箭之势；动作略停；目视左掌前方。随后，身体重心右移；同时，右手五指伸开成掌，向上、向右划弧，与肩同高，指尖朝上，掌心斜向右前方；左手指伸开成掌，掌心斜向左前方；目视右掌。接着，重心继续向右移；左脚回收成并步站立；同时，两掌分别由两侧下落，捧于腹前，指尖相对，掌心向上；目视前方（图 11~图 17）。右式动作与左式相同，唯左右相反。

本式一左一右为 1 遍，共做 3 遍。

图 11

图 12

图 13

图 14

图 15

图 16

图 17

综观其动作方法，如何去体悟其动作要领呢？根据阴阳的运动规律，以及笔者练功体会和教学心得，认为应从以下五方面来体悟。

1. 虚实分清，轻灵柔和

健身气功凡是涉及重心变化的下肢动作皆需虚实分清，转换才能轻灵柔和。如本式动作，左脚向左开步，必须先使重心移至右腿并向下松沉变为实腿，而左脚则由实逐渐变虚，才能轻轻提起向左开步。当脚尖着地后，再由虚变实逐渐将重心移于两腿之间；当完成拉弓射雕定势动作后，又需先移重心于右腿，使左腿由实变虚，当重心完全落于右腿后，左腿方能变成全虚而向右脚收回拼拢站立。如果重心变换没有完全分清虚实，则开步会出现身体晃动或快速落地成八字脚等现象，身体也变得紧张而不自然。为此，在练功过程中要用心体验重心转换过程及左右腿的虚实变化，才能把握动作的虚实，掌握动作要领，达到动作轻灵、柔和缓慢、舒适自然。

2. 上下左右，对立统一

本式动作处处体现了阴阳的对立统一运动变化，因此必须按动作的阴阳属性来指导练功实践。例如，左脚欲向左开步，必须运用意识使重心先向右移，并松开右胯向下松沉，托起左胯向上升浮，同时细心体会右腰的下沉与左腰的提抽，这是开启气机的法门，也正是拳经所说的“刻刻留意在腰间”的练功要诀。又如，左手向左脚方向直臂侧撑的同时，右手须向右脚方向屈肘侧拉（以左射雕为例），形成两臂对拉拔长、伸筋拔骨之势。再如，在重心缓缓下沉的同时，百会必须上领，两手必须徐徐向上交叉搭腕于胸前。这才符合阴阳的有左必有右、有上必有下的对立统一运动规律，动作才能协调而自然，才能达到身松气沉、气敛入骨的炼气功法要求，进而达到强身健体的锻炼效果。

3. 松紧结合，刚柔相济

本式中的松紧主要是指在意识的主动支配下，身体各部位的肌肉、关节的松紧变化。紧只是在本式马步拉弓、展肩扩胸、坐腕竖指、肘关节屈曲夹紧的短暂动作中（约 2 秒），按阴阳消长规律缓慢进行的适当用力，劲达肘部及掌根，意注食指商阳穴，使胸背得到充分舒张，从而达到调节心肺功能的目的；而放松则须贯穿动作的始终。只有按松紧变化的要领要求细心体验，做到心静体松，松紧配合适当，刚柔相济，才有助于平衡阴阳、疏通经络，起到分解黏滞、滑利关节、活血化淤、强筋壮骨、增强体质的功效。

4. 动静相兼，自然舒适

本式功法动作要领是动中寓静静犹动，静中寓动动犹静，动静相兼。动与静主要是指身体动作的外在表现，动是指在意识的引导下，心静体松，动作柔和缓慢、轻灵活泼、节节贯穿、自然舒适；静是指在马步拉弓定势的缓慢用力之时，在外观上看略有停顿之感，但内劲没有停，肌肉继续用力，保持牵引拉伸的态势。这种静中寓动、适当用力和延长作用时间的方法，能够使相应的部位受到一定强度的刺激，有助于提高锻炼效果。因此在练习中，要用心去体验这种动中寓静及静中寓动的阴阳变化本体感觉，才能逐步把握练功要领，达到心静体松、动作轻灵、圆活连贯、呼吸柔和、舒适自然的功法要求，进而达到高质量的锻炼效果。

5. 开合适度，通行血脉

本式动作有两手、两臂、两腿以及胸背的开合，对功法要求要把握适度，才能达到开闭行气、通行血脉的锻炼效果。例如，手的八字掌要求大鱼际与小鱼际相合使掌心形成松空圆窝状（恰能容一鸡蛋似的），而且要求食指与拇指在直指撑开的同时适度相合成八字，意注商阳穴。这样的开中有合、合中有开的掌形对调节心肺功能具有重要作用。又如，两臂的开合也要适度，左臂撑开要直中寓曲（沉肩坠肘），右臂屈曲同时要求手腕伸直，使右手心与胸部中腑穴相合，这也是调节心肺功能的重要方法。再如，胸背的开合也要适度，拉弓射箭则是开胸合背的方法，这两个动作的开合皆要适度，特别是拉弓射箭时，两臂上臂要与左右两肩连线成一直线，不能往前或过后，这样才能使胸部云门、中腑，背部心俞、肺俞、夹脊等穴位的开闭恰当，起到行气通脉的作用。

综上所述，阴阳是健身气功功法文化和运动方法的主要内容，是学好健身气功的基础。因此，学习和了解阴阳的运动知识，把握阴阳的变化规律，对学好和教好健身气功，提高锻炼效果具有重要作用。

认识脏腑
学好调理脾胃须单举

脾胃在人体生命中具有什么样的地位？其对炼气、养生保健又有什么样的作用呢？为什么调理脾胃须单举？认识、了解这些问题对学好健身气功具有重要意义。为此，本文拟从中医学角度对脏腑方面的知识及调理脾胃须单举的功法文化进行详细研究，揭开调理脾胃须单举的功法原理和锻炼要领，为进一步认识健身气功的科学性，增强习练者学习信心和兴趣，提高锻炼效果服务。

一、认识脏腑

脏腑，即人体内脏的总称。包括五脏、六腑和奇恒之腑三类。五脏，指心、肝、脾、肺、肾；六腑，指胆、胃、小肠、大肠、膀胱及三焦；奇恒之腑，指脑、髓、骨、脉、胆、女子胞。脏与腑各有不同的功能特点，五脏的生理功能是生化和贮藏精气；六腑的生理功能是受纳、腐熟消化，传化和排泄糟粕；奇恒之腑在功能上不是饮食物消化排泄的通道，它们形体上类似六腑，功能上则是贮藏精气，与脏的生理功能相类似，如髓为精汁之清者所化，充养脑、骨；脑为髓之海，元神之府；骨为髓之府，身体之支架；脉为血之府，是气血运行的通道；胆贮藏胆汁，与胃肠等腑有别，故又列为奇恒之腑；女子胞即子宫，是发生月经和孕育胎儿的器官。脏与腑虽然各有其生理功能作用，但它们是一个以五脏为中心的有机的整体,不仅脏与脏、脏与腑、腑与腑在生理、病理上有密切的联系，而且脏腑与形体（如皮毛、肉、脉、筋、骨）官窍（如鼻、口、舌、目、耳及前后阴）之间也有着不可分割的关系。诸如人体的神志活动、血液循环、呼吸运动、消化吸收、水液代谢、生长发育和生殖等基本生命活动，均无不与脏腑和形体官窍相关，而且主要靠五脏生理功能协调配合才能完成。脏与腑的关系比较复杂，除了主要的阴阳表里配合关系（心与小肠、肺与大肠、脾与胃、肝与胆、肾与膀胱、心包与三焦等的相表里关系）外，往往一个脏与多个腑，一个腑与多个脏均有生理联系和病理影响。由此可见，认识脏腑的知识，对分析和了解人体生理和病理变化，指导临床辨证论治和养生康复锻炼具有重要的意义。

那么中医五脏六腑各具有什么样的生理功能和特性呢？

五脏之中，①心与小肠、脉、面、舌等构成心系统，心在五行中属火，在五脏阴阳中属阳中之阳；心主血脉(指心气推动血液在脉里循环往复，使五脏六腑、四肢百骸得以血液濡养，维持生命活动)，主神志（指心主宰人的精神活动并维持其余四脏的生理功能，实质是大脑的功能，中医学把它归入心的范围)，为脏腑之大主，生命之主宰，故有“君主之官”之称；心与四时之夏相应。②肺与大肠、皮毛、鼻等构成肺系统，肺在五行中属金，在五脏阴阳中属阳中之阴；肺主气（一方面指主呼吸之气，另一方面指肺有调节全身气机的作用，即主一身之气)、司呼吸，助心行血，通调水道，主治节，故有“相傅之官”之称；肺与四时之秋相应。③脾与胃、肉、唇、口等构成脾系统，脾在五行中属土，在五脏阴阳中属阴中之至阴；脾主运化（指脾有消化、吸收、运输水谷精微等营养物质的功能，包括运化水谷精微和运化水湿两个方面），统血（指脾有统摄血液运行，不致溢出脉外的作用），升清（指脾气上升，向上运送水谷精微至肺，从而营养全身），输布水谷精微，为“气血生化之源”；人体出生后，各脏腑组织器官皆依赖脾所化生的水谷精微以濡养，故称脾为“后天之本”；脾与四时之长夏相应。④肝与胆、目、筋、爪构成肝系统，肝在五行中属木，在五脏阴阳中属阴中之阳；肝主疏泄（指肝气本身具有疏展、升发的运动特性，能保持全身气机调畅，对脾胃运化功能、情志变化、胆汁排放、女子月经、三焦疏利等影响较大），藏血（指肝有贮藏血液、调节血量和防止出血的功能），喜条达而恶抑郁，体阴而用阳，故有“将军之官”之称；肝与四时之春相应。⑤肾与膀胱、骨、髓、脑、发、耳等构成肾系统，肾在五行中属水，在五脏阴阳中属阴中之阴；肾主藏精（指肾具有封藏和贮存人体之精气的作用，对人体的生长、发育和生殖有重要作用，并且有调节人体的代谢和生理功能活动的作用），主水液（指肾具有主持和调节水液代谢的作用，对人体内津液的输布和排泄，维持体内津液代谢的平衡，起着重要的调节作用），主纳气（指肾能帮助肺完成吸气，吸入之气下纳于肾，对人体呼吸有重要意义），为人体脏腑阴阳之本，生命之源，故称“先天之本”；肾气与四时之冬相应。

六腑之中，①胆的主要功能是贮存和排泄胆汁（胆汁直接有助于饮食物的消化，故居六腑之首），以及主决断，胆气主升，其性喜宁谧。②胃的主要功能是受纳和腐熟水谷（受纳是指接受和容纳的意思，腐熟是饮食物经过胃的初步消化形成食糜的意思)，胃主通降（指胃的气机宜保持通畅下降的特性)，喜润恶燥。③小肠的主要功能是受盛、化物和泌别清浊（受盛即以器盛物的意思，化物即消化、化生的意思，泌别清浊即将经过小肠消化后的水谷精微和食物残渣分别加以吸收和向大肠输送)，具有升清降浊的生理特性。④大肠的主要功能是传道糟粕，即大肠接受经过小肠泌别后所剩下的食物残渣，再吸收其中多余的水液形成粪便，经肛门而排出体外，故大肠必须保持通降下行的生理特性。⑤膀胱的主要功能是贮藏和排泄尿液。⑥三焦的主要功能是通调水道和元气，上焦主气的升发和宣散，中焦主消化，下焦主排泄糟粕和尿液，故有上焦如雾、中焦如沤、下焦如渎之称。

由上述脏腑的知识可知，脾胃为后天之本，气血生化之源，人体出生后，各脏腑组织器官无不依赖脾胃所化生的水谷精微以濡养。脾胃健旺，水谷精微化源充足，精气充盛，则脏腑功能强盛而形健神旺。如明代杰出医学家张介宾在《景岳全书·脾胃》中指出："土气为万物之源，胃气为养生之主。胃强则强，胃弱则弱，有胃则生，无胃则死，是以养生家当以脾胃为先。"由此可见，脾胃之强弱与人体之盛衰、生命之寿夭关系甚为密切。

二、调理脾胃须单举的功法原理

中医认为，脾胃为气机升降之枢纽，脾宜升则健，胃宜降则和，调养脾胃的方法原则应是益脾气、养胃阴，用药首当注意升降，次则当防过偏，寒勿过凉，热勿过燥，以免伤胃。为此，调理脾胃的动作应以导引脾气上升，胃气下降为原则。综观调理脾胃须单举的动作，可发现，单举手的动作可刺激手三阴三阳经，具有调节手三阴三阳经经脉之气的作用，特别是对起于手小指尺侧端的手太阳小肠经作用更大，而脾胃功能与小肠关系极为密切。《素问·灵兰秘典论》中云：“脾胃者，仓廪之官，五味出焉……小肠者，受盛之官，化物出焉。”张介宾指出：“小肠居胃之下，受盛胃中水谷而分清浊，水液由此而渗于前，糟粕由此而归于后，脾气化而上升，小肠化而下降，故曰化物出焉。”由此可见，小肠具有协助脾胃运化功能正常发挥的作用，反之，小肠有病则可直接影响到脾胃。另一方面，如果肝木之气偏旺，脾土虚弱，极易出现肝气犯脾的病理现象。脾胃功能失调，经脉气滞，湿浊内蓄，血络闭阻，便可出现脾胃结瘕瘀血等症。而通过单举手动作作用于手太阳小肠经，使经脉疏通、调和，升清降浊，可起到健运脾胃，使得脾气得升，胃气和降，小肠能泌别清浊，则湿浊之气自去，壅滞于中焦脾胃的瘀结也会自行消散。再有脾胃属土，肺及大肠属金、心及小肠属火，根据五行属性，火生土、土生金，因此，脾胃与心、肺、小肠、大肠的关系较为密切。脾胃有疾，可能会累及心、肺、小肠、大肠，反之，心、肺、小肠、大肠有疾，也可累及脾胃。另外心包络代心受邪、三焦是脾胃气机升降的主要通道。由此可见，调节手三阴三阳经（心、肺、心包为手三阴经，小肠、大肠、三焦为手三阳经），是调理脾胃的有效方法。为此单举手这个动作是较为理想的健脾和胃手段。

再来分析左右上肢一松一紧的上下对拉（静力牵张），以及两下肢的屈伸导引运动对脾胃具有哪些作用？我们可以发现，两腿伸直，一手上托，能起到牵拉足太阴脾经的作用。而一手下按的动作路线又与足阳明胃经从头到脚向下循行的路线相吻合，因此本式动作具有疏通脾胃两经气血、调理脾胃功能的作用；另一方面，可通过上托之手意想导引丹田之清气上升与天相接，通过下按之手导引丹田之浊气下降与地气相连。当左右上肢相对静力对拉牵伸时，略闭气，运气上下，加强体内之气从丹田达于四梢，使周身气机调畅，气血平和。然后屈膝，两手放松合抱于腹前，复采天地之精华引回丹田。如此左右重复数次，则可有效地提高清气上升、浊阴下降的能力。有些习练者可感觉到肠鸣的现象，就是脾升胃降、气机加强的具体表现。因此，通过清气升、浊阴降的锻炼，中焦脾胃运化功能就能获得加强。此外，中医还认为，除了脾胃为气机升降之枢纽外，腰胁又为人体气血运行之枢纽。通过左右上肢一松一紧地上下对拉运动，可以牵拉腰胁、腹腔，对脾胃中焦肝胆起到按摩作用，同时可以刺激位于腹、胸胁部相关经络以及背部俞穴等，起到调理脾胃、肝胆和加强脏腑经络气血运行的效果。

三、调理脾胃须单举的动作要领和体悟方法

调理脾胃须单举的动作方法是两腿徐缓挺膝伸直；左掌上托，左臂外旋上穿经面前，随之臂内旋上举至头左上方，肘关节微屈，力达掌根，掌心向上，掌指向右；同时，右掌微上托，随之臂内旋下按至右髋旁，肘关节微屈，力达掌根，掌心向下，掌指向前，动作略停；目视前方。接着，松腰沉髋，身体重心缓缓下降，两腿关节微屈；同时，左臂屈肘外旋，左掌经面前下落于腹前，掌心向上；右臂外旋，右掌向上捧于腹前，两掌指尖相对，相距约 10 厘米，掌心向上；目视前方（图 18~图 22）。如此左右手交换做动作，左右手各做 3 遍（最后一遍单举手后转做图 23~图 25）。

图 18

图 19

图 20

图 21

图 22

图 23

图 24

图 25

综观其动作方法，如何去体悟其动作要领呢？根据脏腑知识及气机规律，结合笔者练功体会和教学心得，认为应从以下四方面来体悟。

1. 立身正直，对拉拔长

立身正直，是指脊柱自始至终要保持正直；对拉拔长具有两方面意义，一是指头顶与尾闾上下对拉拔长（对脊柱的立身正直、椎骨节节松开、气机运行具有重要的作用），一是指左右上肢的上下对拉拔长。立身正直，对拉拔长是本式的动作的基础，只有做到立身正直，脊椎对拉拔长，才能确保左右气机的升降通道畅通。因本式的关键是要使脾升胃降，升清降浊，所以只有立身正直，对拉拔长，才能使气机的升降出入自然而流畅。另一方面，立身正直，对拉拔长还可使脊柱内各椎骨间的小关节及小肌肉得到充分的锻炼，对增强脊柱的灵活性与稳定性具有重要作用。

2. 以肩带臂，舒胸屈肘

本式定势动作要求两臂随两腿伸直，一手上托，肘关节微屈，掌心向上；另一手则下按至髋关节旁，肘部微屈，掌心向下，并且当双手上下交替导引时，无论是上托还是下按，均要力达掌根。其目的主要是通过闭气行气，导引丹田之气达于四梢，使气机的升降出入、升清降浊得当，进而达到脾升胃降、健脾和胃的效果。要达到此目的，关键是导引时要用肩部带动两臂，而不是单靠两肘的运动。肩部伸展，可以舒张同侧胸胁，使相应的脏腑器官得到抻拉；肩部沉按，可以增加同侧胸胁的压力，如此反复抻拉与按压，对人体内脏起到相应的保健按摩作用，达到加强脏腑经络气血运行的效果。如果导引时两肘伸直，则会使臂部力量相对集中于肘部，导致两肩与胸廓在抻拉与按压中不能舒展，使导引的健身作用仅仅局限于上肢关节功能的改善，抑制和削弱了对胸廓及相关脏腑器官的保健作用。因此，要注意充分舒展胸廓，以肩为力根带动两掌上托与下按，并且上托与下按要充分，肘关节不能用力，保持自然弯曲。

3. 闭气通脉，劲达掌根

本式动作要运用意识导引上托之手犹如托天一样，使清气上升，下按之手犹如按地一样，使浊气下降，并在定势时坐腕（沉腕）闭气（注意闭气只是短暂的1~2秒时间，以舒适自然为要），意使吸入之清气内存而通调血脉，导气于上肢，劲达掌根。

4. 意想丹田，伸拉两胁

本式功法动作意念的重点在于意想丹田，并通过左右上肢的上托下按，伸拉两胁，导引丹田之清气上升经头顶及掌心与天气相合，浊气下降经脚底涌泉及手掌排出体外与地气相合，并在定势时意想丹田之气贯达四肢之梢，劲达掌根。然后随着松腰沉髋、松肩垂肘，上托之上肢的内旋下落，意想采天地之精华从两掌、头顶百会及脚底涌泉经四肢复归于丹田。如此往复运动，则能使清气得升，浊气得降，从而增强脾升胃降的属性功能，达到调理脾胃、健身延年之目的。

认识经络
学好五劳七伤往后瞧

什么叫“五劳七伤”？“五劳七伤往后瞧”中为什么要强调往后瞧？《灵枢·终始》中说：“病在上者下取之，病在下者高取之；病在头者取之足，病在腰者取之腘。”为什么上病可以下取，下病可以上取，头病可以取足，腰病可以取腘？认识、了解这些问题对学好健身气功具有重要的意义。为此，本文拟从中医学角度对经络知识和“五劳七伤往后瞧”的功法动作进行深入研究，揭开其作用原理和功法要领，为健身气功的学习和教学提供理论依据。

一、认识经络

经络学说，是中医学理论的重要组成部分，它贯穿于生理、病理、诊断、治疗、预防等方面。从基础理论到临床各科，它都占有重要的位置。同样，它也是气功学的基础理论之一。中医学认为，经络是运行气血，联络脏腑，沟通上下内外，调节人体功能的网络。经是指经脉，络是指络脉，人体通过经络系统有规律而复杂的交会，把五脏六腑、四肢百骸、五官九窍、皮肉筋骨等组织器官紧密地联结成一个整体，从而保证了人体生命活动的和谐有序、正常进行。

经络包括经脉、络脉及其连属组织。经脉为纵行的主干线，络脉为经脉的分支网络。经脉部分可分为十二正经和奇经八脉两部分。根据阴阳学说的演绎，把十二经脉分为手足三阳经和手足三阴经两大类，即手太阴肺经（属肺络大肠）、手厥阴心包经（属心包络三焦）、手少阴心经（属心络小肠）、手阳明大肠经（属大肠络肺）、手少阳三焦经（属三焦络心包）、手太阳小肠经（属小肠络心）、足太阴脾经（属脾络胃）、足厥阴肝经（属肝络胆）、足少阴肾经（属肾络膀胱）、足阳明胃经（属胃络脾）、足少阳胆经（属胆络肝）、足太阳膀胱经（属膀胱络肾）。奇经八脉由督脉、任脉、冲脉、带脉、阴维脉、阳维脉、阴跷脉、阳跷脉组成，其中督脉行于后正中线，任脉行于前正中线，各有本经所属穴位；其余冲、带、跷、维六脉的穴位均见于以上各经。冲脉行于腹部第一侧线，交会足少阴经穴；带脉横行腰部，交会足少阳经穴；阳跷行于下肢外侧及肩、头部、交会足太阳等经穴；阴跷行于下肢内侧及眼，交会于足少阴经穴；阳维行于下肢外侧、肩和头项，交会足太阳等经及督脉穴；阴维行于下肢内侧、腹第三侧线和颈部，交会足少阴等经及任脉穴。它们与十二正经不同，既不直属脏腑，又无表里配合关系（如手太阴肺经与手阳明大肠经，一阴一阳，一脏一腑，互为表里），“别道奇行”，故称“奇经”。

络脉部分由十五别络（十二经脉别出的走表里的经脉，加上任、督两脉各分出的一支别络和脾之大络，总称十五络脉）、孙络（别络之分支）、浮络（孙络之浮在肌表者）组成。络脉连属组织部分包括十二经别、十二经筋和十二皮部（是十二经脉功能活动反映于体表的部位，也是络脉之气散布所在）。络脉与经脉组成一个密布周身、通达上下、渗贯表里的网络，把脏、腑、肌肉、四肢、九窍、骨骸、皮毛所有组织器官联缀成一个统一整体。

中医认为，气为血之帅，经络的生理功能作用主要来自于经络内的经气。经气除有沟通表里上下、联系脏腑组织、通行气血外，还有濡养脏腑、感应传导、维持和调节机体平衡的作用。正如《灵枢·本脏》中说："经脉者，所以行气血而营阴阳，濡筋骨，利关节者也。"传统气功学认为，在经络中运行的经气，是元气中最活跃的部分，也是内气的一部分，通过练功可以被人感知。那么经气是如何运行的呢？《灵枢·脉度》篇指出："气之不得无行也，如水之流，如日月之行不休……如环之无端，莫知其纪，终而复始。"这说明经气是不断运动、流行不止的，在人体内有规律地周行全身。以十二经来说，其经气的循行走向规律可概括为："手之三阴，以脏走手；手之三阳，从手走头；足之三阳，从头走足；足之三阴，从足走腹。"（《灵枢·逆顺肥瘦》）

经络学说认为，通过针灸、按摩推拿或适当的动作导引，能够起到调节经气，疏通经络，运行气血，和脏腑，营阴阳，濡筋骨，利关节等作用。可见"病在上者下取之，病在下者高取之；病在头者取之足，病在腰者取之腘"的作用原理就是通过经络的上下、内外关系来调节经气的结果。

由此可见，经络如同江河湖泊一样，纵横交错，遍布全身，担负着输送、调节人体周身气血，濡养脏腑、筋骨、皮毛，传递信息，抵抗病邪等工作，是人体功能的调控系统，对人体生命活动起着重要的调节作用。

二、五劳七伤往后瞧的功法内涵解读

"五劳七伤"是现代汉语的一个词语，泛指身体虚弱多病。人们经常用"五劳七伤"来形容各种疾病和致病因素。从中医角度分析，"五劳七伤"包含着丰富的内容，其形成因素也包含着多个方面。如《黄帝内经·素问·宣明五气篇》中说："久视伤血（中医认为肝藏血，开窍于目。人的视力有赖于肝气疏泻和肝血濡养，当视物过久，眼睛过度疲劳时，就会伤及肝，进而影响血的调节，所以有'久视伤血'之说）；久卧伤气（是指人长时间卧床，会导致精神昏沉、萎靡不振，引起气的散乱，得不到凝聚，久之则气散，无力化神，则人更是萎靡不振，神疲乏力，形成恶性循环，所以说'久卧伤气'）；久坐伤肉（由于人体呈坐姿时，颈、腰等部位的肌肉要保持一定的张力以维持身体的平衡，如长时间坐着不动，则颈、腰等局部肌肉必然会疲劳、损伤。再者，人体呈坐姿时，被身体压迫的肌肉以及位于心脏下的肢体，由于体位关系，其肌肉组织的血液循环得不到改善，会影响肌肉等组织的代谢活动，长此以往，肌肉的功能便会出现退化，并且可能会出现肌肉组织的萎缩现象，所以说'久坐伤肉'）；久立伤骨（是指人长时间站立不动，人体骨骼会因长时间支撑身体而劳损，引起骨或骨关节的发育畸形和活动障碍）；久行伤筋（由于人的行走主要有赖于筋肉对骨骼的拉动，如长时间行走，必然使下肢关节周围的韧带、肌腱、筋膜等软组织因疲劳而受伤或劳损，这也是为什么人走路多了会酸痛疲劳的原因），是谓五劳所伤。"中医学上的"五劳"则是指心、肝、脾、肺、肾五脏的劳损，也即是指人的肝劳、心劳、脾劳、肺劳、肾劳五种劳伤，而这"五劳"与人的"七情"（喜、怒、忧、思、悲、恐、惊）有着密切的关系。"七伤"是指因为"七情"太过而造成脏腑损伤和疾病的说法。如《素问·阴阳应象大论》中认为"怒伤肝""喜伤心""忧伤肺""思伤脾""恐伤肾"。中医认为"七情"伤"五脏"的主要机理在于"七情"太过影响脏腑的气机，使气机的升降出入失常，气血运行紊乱。如“怒则气上”，过于愤怒使肝气疏泻失常，横逆上冲，血随气逆，并走于上，蒙蔽清窍，引起昏厥；“喜则气缓”，过度大喜导致心气涣散，精神不能集中，神志失常；“思则气结”，忧思或思虑过度致中焦之气阻滞，引起脾胃失运，食积湿停，饮食睡眠不佳；“悲则气消”，过度悲伤、哀愁，致使意志消沉，肺气耗伤，言语行动无力；“恐则气下”，过度惊恐，以致肾气不固，气陷于下，二便失禁。突然受惊，神无所附，亦可致气下气乱，神志失常。由此可见，“七情”致病直接伤及脏腑，故又称“内伤七情”。再有另一种说法是《诸病源候论·虚劳候》中提到的“一曰大饱伤脾……二曰大怒气逆伤肝……三曰强力举重，久坐湿地伤肾……四曰形寒、寒饮伤肺……五曰忧愁思虑伤心……六曰风雨寒暑伤形……七曰大恐惧不节伤志”。由此观之，“五劳七伤”应理解为泛指各种疾病和致病因素较为恰当。

那么为什么五劳七伤要强调往后瞧呢？

综观五劳七伤往后瞧的功法动作及要领要求，首先可发现，往后瞧的转头动作能使脊柱两侧的肌肉得到舒、缩运动，可有效地刺激颈部大椎穴及足太阳膀胱经上的心、肝、脾、肺、肾、小肠、胆、胃、大肠、膀胱等俞穴；其次是往后瞧的转头动作配合两臂向外充分旋转，能使脊柱微微成反弓活动，使胸腹向上伸展，牵拉胸腔、腹腔内的脏腑。而由经络知识可知，这样动作能有效地刺激身前的任脉、冲脉，身后的督脉和环绕于腰腹的带脉，还可以梳理阴维脉、阳维脉、阴跷脉、阳跷脉。由此可见，本式动作对奇经八脉的刺激具有重要作用。而奇经八脉又具有调节十二经的作用（李时珍在《奇经八脉考》中说：“盖正经犹夫沟渠，奇经犹夫湖泽，正经之脉隆盛，则溢于奇经。”反之，当沟渠流量小时，也需湖泽之水给予渗灌。所以奇经八脉对十二经起着调盈济虚的作用)，再有由《奇经八脉考》中所述“阳维主一身之表，阴维主一身之里，阳跷主一身左右之阳，阴跷主一身左右之阴，督主身后之阳，任、冲主身前之阴，带脉横束诸脉以总约之”可知，奇经八脉也对周身阴阳具有调节作用。由此可见，通过本式动作导引，可使奇经八脉不断受到松与紧的交替刺激，进而起到调节十二经脉及周身阴阳的作用，从而调和脏腑器官的气血运行，起到防治“五劳七伤”的目的。

三、五劳七伤往后瞧的动作要领和体悟方法

《健身气功社会体育指导员培训教材》中表明，五劳七伤往后瞧动作方法是两腿徐缓挺膝伸直；同时，两臂伸直，掌心向后，指尖向下，目视前方。然后两臂充分外旋，掌心向外；头向左后转，动作略停；目视左斜后方。接着，松腰沉髋，身体重心缓缓下降，两腿膝关节微屈；同时，两臂内旋按于髋旁，掌心向下，指尖向前；目视前方（图 26~图 29）。右式动作与左式相同，唯左右相反。本式一左一右为 1 遍，共做 3 遍。

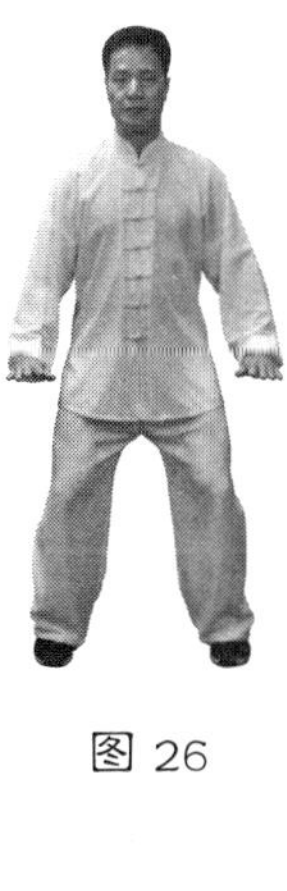
图 26

图 27

图 28

图 29

综观其动作方法，如何去体悟其动作要领呢？根据经络知识，以及笔者练功体会和教学心得，认为应从以下三方面来体悟。

1. 头向上领，肩向下沉

头向上领，肩向下沉是做好本式动作的最基本要领。只有头向上领，肩向下松沉，才能使脊柱中正，对拉拔长，颈椎和手臂的旋转充分、到位，才能更有效地对经过颈椎的经络产生牵拉刺激，调节经气活动，起到行气血而营阴阳，濡筋骨，利关节的健身效果。

2. 一正四平，起止轻灵

一正四平，起止轻灵是顺利完成本式动作的基础。一正是指立身要中正，整条脊柱要正直；四平是指两耳要成水平、两肩要成水平、两胯要成水平、两脚要成水平。起止轻灵是指整个动作过程用意不用力，动作轻松，旋转自然。只有做到一正四平，才能使头部轻松、灵活，旋转自然、准确、到位、舒适，收到高质量的锻炼效果。

3. 转头旋臂不转体，内外相合意气随

本式定势动作要求两臂随膝关节伸展而伸直，然后两臂外旋，掌心向外，头部向后方转动，双目尽量注视斜后方。要完成好这一动作，要求在转头同时旋臂，但不转动身体，身体只做轻微的上下升降运动；同时还要注意意念与动作的配合，在旋臂的同时意在刺激手三阴三阳经，后瞧转动颈部意在大椎，转肩意在内气从丹田上升至胸，劲达脊背及手掌指，蹲身时意在气沉丹田。这样才能使外形导引动作的升降开合与内气的升降出入相一致，内外相合，意气相随，达到通行血脉、濡养脏腑的锻炼效果。

综上所述，可以看到，经络在人体生命及炼气养生保健中具有重要的地位和作用。经络及其学说不但是中医，而且也是健身气功功法理论的重要内容。学习和认识经络知识，了解经络的功能作用和规律，对学好和教好健身气功、提高锻炼效果具有重要意义。

认识五行
学好摇头摆尾去心火

在日常生活中，人们经常会说“我上火了”。那么，火到底从何而来呢？为什么“摇头摆尾”又能去“心火”呢？弄清这些问题的症结所在和治疗原理，对学好健身气功具有重要的意义。本文拟从中医学角度，对五行学说和“摇头摆尾去心火”的动作进行深入研究，以揭开其作用原理和习练要领，为提高健身气功的教学和锻炼效果服务。

一、五行的解读

五行是指古人把宇宙万物划分为五种性质的事物，也即分成木、火、土、金、水五大类，称之为“五行”。五行的概念，不是表示五种特殊的物质形态，而是代表五种功能属性。例如，①“木曰曲直”：曲直，即能曲能伸的意思。木具有生长、能曲、能伸、升发的特性，代表生发力量的性能，标示宇宙万物具有生生不已的功能。凡具有这类特性的事物或现象，都可归属于“木”。②“火曰炎上”：炎，热也；上，向上。火具有发热、温暖、向上的特性，代表生发力量的升华，光辉而热力的性能。凡具有温热、升腾、茂盛性能的事物或现象，均可归属于“火”。 ③“土爰稼穑”：春种曰稼，秋收曰穑，指农作物的播种和收获。土具有载物、生化的特性，故称土载四行，为万物之母。凡具有生化、承载、受纳性能的事物或现象，皆归属于“土”。④“金曰从革”：从，顺也；革，即变革。指金有刚柔相济之性，引申为肃杀、沉降、收敛等性质。凡具有这类性能的事物或现象，均可归属于“金”。⑤“水曰润下”：润，湿润；下，向下。水代表冻结含藏之意，具有滋润、就下、闭藏的特性。凡具有寒凉、滋润、就下、闭藏性能的事物或现象都可归属于“水”。

古人在采用取象比类的方法将世上万事万物朴素地分为五类的同时，认为五行之间存在生、克、乘、侮的关系，其中①五行之间互相滋生和促进的关系称作五行相生，其规律是：木生火，火生土，土生金，金生水，水生木。而在相生关系中，任何一行都有“生我”“我生”两方面的关系，《难经》把它比喻为“母”与“子”的关系。“生我”者为母，“我生”者为“子”。所以五行相生关系又称“母子关系”。以火为例，生“我”者木，木能生火，则木为火之母；“我”生者土，火能生土，则土为火之子。②五行之间相互制约的关系称之为五行相克，其规律是：木克土，土克水，水克火，火克金，金克木，木克土。这种克制关系也是往复无穷的。木得金敛，则木不过散；火得水伏，则火不过炎；土得木疏，则土不过湿；金得火温，则金不过收；水得土渗，则水不过润。而在相克的关系中，任何一行都有“克我”“我克”两方面的关系。《黄帝内经》称之为“所胜”与“所不胜”的关系。“克我”者为“所不胜”。“我克”者为“所胜”。所以，五行相克的关系，又叫“所胜”与“所不胜”的关系。以土为例，“克我”者木，则木为土之“所不胜”。“我克”者水，则水为土之“所胜”。这种生克关系中，任何一行皆有“生我”和“我生”，“克我”和“我克”四个方面的关系。以木为例，“生我”者水，“我生”者火；“克我”

者金，“我克”者土。③五行中任何一行本身不足（衰弱），使原来克它的一行乘虚侵袭（乘），而使它更加不足，或任何一行本身过度亢盛，而原来受它克制的那一行仍处于正常水平，在这种情况下，虽然“被克”一方正常，但由于“克”的一方超过了正常水平，所以也同样会打破两者之间的正常制约关系，这种不足或过度相克的现象称之为相乘。例如，正常情况下，木克土，木为克者，土为被克者，由于它们之间相互制约而维持着相对平衡状态。异常情况下，木仍然处于正常水平，但土本身不足（衰弱），因此，两者之间失去了原来的平衡状态，则木乘土之虚而克它。这样的相克，超过了正常的制约关系，使土更虚。④五行中的任何一行本身太过，使原来克它的一行，不仅不能去制约它，反而被它所克制，即反克，称为相侮，又称反侮。如以木为例，当木过度亢盛时，金原是克木的，但由于木过度亢盛，则金不仅不能去克木，反而被木所克制，使金受损，这叫木反侮金。或者当木过度衰弱时，金原克木，木又克土，但由于木过度衰弱，则不仅金来乘木，而且土亦乘木之衰而反侮之。

由此可见，五行学说是中国古代哲学家采用取象比类的方法，将世上万事万物朴素地分为五类，并在五行属性的基础上，运用生克制化的关系来说明和解释事物之间的相互联系和变化的一种系统理论，其核心内容就是五行分类及其生、克、乘、侮的制化关系。

五行学说在中医学中的应用，主要是以事物属性的五行分类方法和生克乘侮的变化规律解释人体生理、病理现象，指导临床诊断、治疗和养生。中医五行学说将人体的内脏分别归属于五行，以五行特性来说明其生理功能。如肝性升发、喜条达，木有生发的特性，故以肝属木；心阳有温煦的作用，火有温热的特性，故以心属火；脾为生化之源，土有生化万物的特性，故以脾属土，肺有肃降的作用，金有清肃收敛的特性，故以肺属金；肾藏精，肾阴有滋润全身的作用，水有滋润的特性，故以肾属水。并在以五脏为中心，将五色、五音、五味、五官、五体等都以五行分类基础上，根据五行所属及其生克乘侮的变化规律来诊断疾病、推断病情。例如，根据相生规律确定的治疗原则是“虚则补其母，实则泻其子”(所谓补母，主要用于母子关系的虚证。如肾阴不足以滋养肝木而致水不涵木，治疗时不唯养肝，还应兼补肾阴。所谓泻子，主要用于母子关系的实证。如肝火炽盛，可采用泻心法，泻心火有助于泻肝火)。根据相克规律确定的治疗原则是扶弱抑强（如肝气横逆，克犯脾胃，治疗时，宜抑肝、平肝、扶脾、健脾）等。

二、摇头摆尾去心火的功法内涵解释

顾名思义，摇头摆尾去心火的含义就是通过摇头摆尾的动作去除心火的方法。摇头摆尾是功法动作的外形，去心火是其功效。首先我们来看看，什么是火？中医认为，人体里本身是有火的，从正常意义上来说，火在一定的范围内是必须的（某种意义上说有火则生、无火则死)，但超过正常范围的火就是邪火 ，也就是不正常的火，会引起身体的不适或产生疾病。邪火又分为虚火和实火 ，实火多源于阳气有余，或因邪郁化火，或因五志化火等；虚火多由于精亏血少，阴虚不能制阳，虚阳上亢所致。由此观之，邪火的产生，主要是由脏腑阴阳气血失调所致。例如，在日常生活中，有些人因饮食不慎，恣食辛辣香燥，或嗜食肥甘厚味，或嗜酒无度，一则损伤脾胃，升降失司，气机郁滞而化火；一则积热内生，蕴结化火，薰蒸脏腑。由是而表现出心烦易怒，失眠，口舌生疮，口渴喜饮，小便短黄，舌尖红绛，脉数不平等症状，这就是所谓的“上火”或“心火亢盛”。又如《质疑录》中说：“人身捍卫冲和不息之谓气，扰乱变动妄行之谓火。火与气，二而一，一而二者也。”情志失调所生之内火，其机要在气机紊乱，情志过极，五志皆可化火，但以心火、肝火最为常见。其次，我们从中医五脏配五行的角度进行分析，可发现“心肾相交”（亦称“水火既济”）是中医养生的重要法则。心居上焦属阳，在五行中属火；肾居下焦属阴，在五行属水。就阴阳水火的升降理论而言，在上者宜降，在下者宜升。心位居上，故心火必须下降于肾，使肾水不寒；肾居位于下，故肾水必须上济于心，使心火不亢。在正常的生理状态下，这种水火既济的关系，是以心肾阴阳升降的动态平衡为其重要条件的。而一旦肾阴亏虚，肾水不能上济于心火，或心阴不足，下汲肾阴，则心肾阴虚，阴不制阳，心阳偏亢，使心与肾之间的水火阴阳动态平衡失调，而造成心火炽热、心火亢盛的症状。因此，根据五行生克制化规律，扶助、加强肾阴是去除心火的有效方法。

现我们再来分析摇头摆尾的动作，从外表看，似乎是头与躯干的左右旋转屈伸运动，但运用五脏与五行的相关理论进行仔细分析，可发现这个动作的功效主要在于通过对腰骶部位的导引活动，刺激脊柱和命门穴，调理肾水，增强肾阴，从而加强肾阴对人体各脏腑器官的滋养和濡润作用，进而达到“去心火”目的。另一方面，通过两腿下蹲，摆尾摇头（作用大椎穴），还可刺激督脉、膀胱经（肾与膀胱相表里）等，具有调节诸阳经而作用于全身经脉经气的功能，从而起到疏通经络、调节气血、平衡阴阳的目的。由此可见，摇头摆尾去心火实为运用经络、五脏与五行生克制化理论指导祛除心火，健身养生的具体方法。

三、摇头摆尾去心火的动作要领体悟方法

图 30~图 33 为接上式过渡动作。

图 30

图 31

图 32

图 33

动作方法：两腿屈膝半蹲成马步，两掌扶于膝关节上方，肘关节微屈，小指侧向前，目视前方。随之，身体重心向上稍升起，而后右移；上体先向右倾，尾闾左摆，随之上体前俯，尾闾向后划弧；目视右前脚掌。接着身体重心左移，同时，上体由右向前、向左旋转，尾闾由左向后、向右旋转，目视右脚跟。然后，尾闾由右向前、向左、向后划一平圆后成马步，尾闾上翘，同时，头向后摇，随之，微下蹲，收髋敛臀，上体立起，下颏微收，目视前方（图 34~图 41）。右式动作与左式相同，唯左右相反。本式一左一右为 1 遍，共做 3 遍。

图 34

图 35

图 36

图 37

图 38

图 39

图 40

图 41

综观其动作方法，如何去体悟其动作要领呢？根据心肾相交、水火既济的功法内含，以及笔者练功体会和教学心得，认为应从以下五方面来体悟。

1. 先利用节分点，掌握动作路线

根据本人的教学心得，将本式动作路线所经过的六个关键点作为节分点，更有利于掌握动作路线和动作要领方法。具体操作方法是：上体稍升起到位的定点为第一节分点；重心右移，尾闾左摆，上体向右倾到位的定点为第二节分点；

尾闾向后划弧，上体前俯低头到位，目视右前脚掌为第三节分点；重心左移，尾闾由左向后、向右旋转，同时，上体由右向前、向左旋转，目视右脚跟到位时为第四节分点；尾闾由右向前、向左、向后划一平圆后成马步，尾闾上翘，同时，头由左前向左、向后摇至中线与尾闾相应到位时为第五节分点；重心下沉，身体略下蹲，收髋敛臀，上体立起，下颏微收，目视前方完成动作为第六节分点。

2. 以尾为舵，导引脊柱及头的旋转屈伸

本式动作的目的是调节肾水，增强肾阴，进而“去心火”。为此，本式动作应以运转尾闾为要点，以尾为舵，导引脊柱及头的旋转屈伸，才能达到意动形随、形神兼备的练功要求，从而起到强腰固肾，增强肾阴，进而达到“去心火”的功效。另一方面，由于意以心主，而心属火，尾闾与腰肾关系密切，因此以尾为舵，运用意识引动尾闾，运转尾闾，也是心肾相交的一种有效方法。

3. 对拉伸长，松柔自然

本式动作要求摇转时，颈部与尾闾对拉伸长，同时，颈椎部肌肉尽量放松伸长与尾闾对称运转，犹如以胸腰椎形成的直轴两端（大椎、命门）为中心的两个圆轮同时进行旋转，而且要求动作柔和缓慢，以自然舒适为准。

4. 屈伸合度，圆活连贯

本式动作的侧倾、俯身及摇转时脊柱的屈伸皆要合度，而且动作要圆活连贯。具体做法是：在侧倾、俯身和摇转时，大椎穴不能低于腰骶部，摇头与摆尾的圆形旋转轨迹犹如以

胸腰椎为轴承的上下两圆；侧倾时以对侧手臂略弯，手不离开大腿为度；而当头向后旋，尾闾前旋时，要含胸收腹。只有做到这样的屈伸合度，才能避免出现气往上冲的不良反应。另外在完成整式动作过程皆要求做到舒松自然，圆活连贯。

5. 一心两意，气寓其中

本式动作除了以意引动尾闾外，在俯身低头时，还要眼观脚前掌，神注涌泉，意在足少阴肾经，并随上体向前向左摇转，眼随身转观看脚跟，神意从涌泉顺足少阴肾经上行，并在头向左向后转时，经腰肾及丹田至左脚涌泉入地，待将转正为马步时，复由左脚涌泉上行至腰肾及丹田。这样一心两意的操作在意动尾闾的形体运动同时，能兼顾神意在足少阴肾经及丹田的注守，更能达到神与形合、气寓其中的功法要求，对增强心肾相交、水火既济的功效具有重要作用。

综上所述，可知五行学说是用来说明和解释事物之间的相互联系和变化的一种系统理论，认识和掌握五行学说，对掌握摇头摆尾去心火的动作要领，以及探究健身气功、学好健身气功具有重要作用。

认识命门

学好两手攀足固肾腰

腰腿痛是中老年人常见的疾病，中医认为，其病因多与肾虚有关，治疗方法有导引、按摩、药物等。运动实践证明，健身气功·八段锦是一套以肢体运动为主要特点的导引健身养生术，其中两手攀足固肾腰正是防治腰腿痛的有效方法。那么，为什么两手攀足可固肾腰，防治腰腿部疾病呢？本文拟从中医养生角度，对命门和肾以及两手攀足固肾腰的功法动作进行深入研究，拟揭开其功法原理和练习要领，为学好、练好健身气功服务。

一、认识命门

命门一词，始见于《内经》，谓“命门者，目也”（《灵枢·根结》）。自《难经》开始将命门作为内脏提出后，命门就被赋予“生命之门”的含义，认为命门是人体先天之气蕴藏之处，人体生化的来源，生命的根本。关于命门的部位，历代医家多有争论，提出种种见解，归纳起来，较有代表性的有如下几种：①右肾为命门者：认为肾有两枚，左者为肾，右者为命门之说，始自《难经·三十难》，此后，晋·王叔和《脉经》、宋·陈无择《三因方》、严用和《济生方》，明·李梴《医学入门》等均遵此说。②两肾俱称命门者：如明·吴抟否定左为肾、右为命门之说，提出“两肾总号为命门”。“夫两肾固为真元之根本，性命之所关，虽为水脏，而实为相火寓乎其中，愚意当以两肾总号命门”（《医学正传》）。明·张景岳更明确提出“两肾皆属命门”。“肾两者，坎外之偶也；命门一者，坎中之奇也。以一统两，两而包一。是命门总乎两肾，而两肾皆属于命门”（《类经附翼·求正录》）。③两肾之间为命门者：以命门独立于两肾之外，位于两肾之间的首倡者为明·赵献可。他根据《素问·刺禁论》“七节之旁，中有小心”，认为“此处两肾所寄，左边一肾属阴水，右边一肾属阳水，各开一寸五分，中间是命门所居之官，其右旁即相火也，其左旁即天一之真水”（《医贯·内经十二官论》）。这种观点一直影响到清代，如陈修园《医学三字经》、林佩琴《类证治裁》、张路玉《本经逢原》、黄宫绣《本草求真》等均宗此说。④肾间动气为命门者：此说虽然也认为两肾中间为命门，但并不是有形质的脏器，而是两肾之间的一种对机体具有发动作用的原气，即动气。倡此说者首推明·孙一奎，他认为：“命门乃两肾中间之动气，非水非火，用造化之枢纽、阴阳之根蒂，即先天之太极，五行以此而生，脏腑以继而成。若谓属水、属火、属脏、属腑，乃是有型之物，则外当有经络动脉而形于诊，《灵》《素》亦必著之于经也。”（《医旨绪余·命门图说》）

由此可见，历代医家对命门的认识，从形态而言，有有形与无形之争；从部位而言，有右肾与两肾之间之辨。然而，尽管诸家对命门的形态和位置见解不一，但对命门的主要生理功能，以及这一生理功能与肾息息相通的认识却是一致的。他们都十分重视命门在人体生命活动中的作用，认为命门的功能主要有：在男子能藏生殖之精，在女子则紧密联系着胞宫，对两性生殖功能有重要影响；命门内含有真阳（真火）、真阴（真水），五脏六腑以及整个人体的生命活动都由它激发和主持。但是，也有人持命门只含真火而不含真水的见解。近代的观点，多倾向于命门主要是藏“真火”，因而称之为“命门火”或“命火”。由于肾脏是“先天之本”“水火之宅”，所以不论从上述哪种观点来看，命门所指的部位都在腰部，而且都认为其功能与肾脏具有密切的关系。因此，我们可以把腰部两肾及其之间这一带合称之为命门。古拳谱中有“刻刻留意在腰间”之说，就是强调命门、肾之阴阳变化的重要性！由此可见，强调对腰部命门部位的导引锻炼是强腰固肾的有效方法。

二、两手攀足固肾腰的功法内涵解读

顾名思义，两手攀足固肾腰的含义就是通过两手攀足的动作方法来增强腰肾的功能，预防腰部疾病。两手攀足是功法动作的外形，固肾腰是其功效。那么为什么两手攀足可以固肾腰呢？首先我们来了解肾在人体生命中的重要性。中医认为，肾是人体先天之本，内含真阴真阳，为元气生发之处。肾阴肾阳为人体阴阳之根本，也是人体生长发育之基础，肾气的盛衰直接关系到人体的生长发育与衰老，正如《素问·上古天真论》中云：“女子七岁，肾气盛，齿更发长；二七而天癸至，任脉通，太冲脉盛，月事以时下，故有子；三七肾气平均，故真牙生而长极；四七筋骨坚，发长极，身体盛壮；五七阳明脉衰，而始焦……七七任脉虚，太冲脉衰少，天癸竭，地道不通，故形坏而无子也。丈夫八岁，肾气实，发长齿更；二八肾气盛天癸至，精气溢泻，阴阳和，故能有子；三八肾气平均，筋骨劲强，故真牙生而长极；四八筋骨隆盛，肌肉满壮……八八天癸竭，精少，肾藏衰，形体皆极，则齿发去。”从中可见，人体各个阶段的变化情况，直接受肾气精盛衰的影响。因此，养生祛病的首要任务就是强壮肾精肾气。其次我们来简单分析下腰痛症的病因。中医认为，腰疼的原因很多，有肾虚，有风湿、寒湿，有劳损，有气滞血瘀，有外伤等，但其共同机理不外乎经脉、筋骨、肌肉的功能失调，以致气血瘀滞，或局部组织失养而引起腰疼。因此，疏经通络，理气活血，使经脉通畅、气血调和，是治疗腰痛的根本原则。然腰痛病较为常见，总以肾虚精气不足为其根本原因，其他原因多在其基础上才能引起腰疼。例如，清·沈金鳌在《杂病源流犀烛》中指出：“腰痛，精气虚而邪容病也……肾虚其本也，风寒湿热痰饮，气滞血瘀闪挫其标也，或从标，或从本，贵无失其宜而已。”而肾虚，一般是指肾阳虚。肾阳虚又称命门火衰。肾阳为一身阳气之根本，又称元阳，有温煦形体、蒸化水液、促进生殖发育等功能。肾阳虚多因素体阳虚，年高肾亏，或久病及肾，房劳过度损耗肾阳所至。腰为肾之府，肾主骨髓，肾精亏虚，骨髓不充，故有腰膝酸痛等症。治疗这种肾阳虚所至腰痛之病，关键在于补肾温阳，以强壮肾阳。肾阳壮盛，发挥温煦生化功能，则肾阳虚、腰腿痛之症自除。由此可见，防治腰疼，首先在于强肾健腰。肾气盛，肾精足，则腰部功能强健，腰部经脉、筋骨、肌肉自不会被邪所伤，则腰疼病无由而发。再有《索问·脉要精微论》中云“腰者，肾之府，转摇不能，肾将惫矣”，也是强调腰部活动对肾功能作用的最好说明。现在我们再来分析两手攀足固肾腰的功法动作，可发现，通过两手主动上举，带动上体立起，以及两手向下摩运、直膝屈身、两手按于足背（攀足）、塌腰抬头等动作，主要目的在于疏通经络（通过攀足的动作，使腰部前屈后伸，可有效刺激脊柱、督脉以及命门、阳关、委中等穴，调节肾经，膀胱经、督脉的经气，起到疏通经络作用），调畅气血，活动腰关节和筋骨肌肉，使腰部经脉气血调和，进而起到防治腰痛的作用。另一方面，从中国传统养生文化中可知，通过略闭气（约 2 秒）及运用意识导引等活动，目的在于作用命门，调动内气，促使经脉气血更加流畅，驱邪外出，营养腰部关节、肌肉以及筋、脉、骨等组织，从而起到有病治病、无病防病的目的。由此可见，两手攀足固肾腰是强肾健腰、治疗腰痛的一种传统科学的锻炼方法。

三、两手攀足固肾腰的动作要领和体悟方法

动作方法：两腿挺膝伸直站立（两脚约与肩同宽），同时，两掌指尖向前，两臂向前、向上举起，肘关节伸直，掌心向前，目视前方。接着，两臂外旋至掌心相对，屈肘，两掌下按于胸前，掌心向下，指尖相对，目视前方。随之，两臂外旋，两掌心向上，两掌指顺腋下向后插，然后两掌心向内沿脊柱两侧向下摩运至臀部，随之上体前俯，两掌继续沿腿后向下摩运，经脚两侧置于脚面；塌腰抬头，动作略停；目视前下方。接着，两掌沿地面前伸，随之用手臂带动上体起立，两臂伸直上举，掌心向前，目视前方（图 48~图 56）。本式一上一下为 1 遍，共做 6 遍（图 42~图 47 为接上式过渡动作；图 57 为最后一次的启下动作）。

综观其动作方法，如何去体悟其动作要领呢？根据功法动作导引对命门及肾的作用原理，以及笔者的练功体会和教学心得，认为应从以下四方面来体悟。

图 42

图 43

图 44

图 45

图 46

图 47

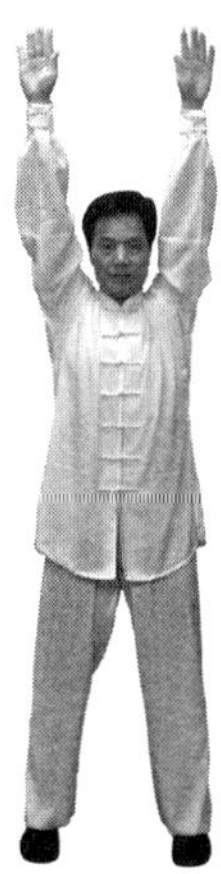

图 48

图 49

图 50

图 51

图 52

图 53

图 54

图 55

图 56

图 57

1. 中指领劲，形松意远

根据本人的教学心得，本式动作具体做法是：在全身心放松的状态下，以中指领劲，引领两掌指尖向前无限远处、牵动两臂向前、向上举起，犹如两手触摸到远处天际。这样运用意识引动手臂等形体的运动方法，能有效地使动作准确到位，而且身体自然舒适，是达到三调合一的有效方法。

2. 循经导引，适当用力

本式动作除了对命门进行导引的方法外，还运用了肾与膀胱相表里的相互作用原理来按摩膀胱经而起到增强肾功能的作用。因此在循经导引按摩时，应在心静体松的原则下，适当用力摩运，使膀胱经得到有效的良性刺激而达到强肾健腰的作用。

3. 命门动气，主宰屈伸

本式动作在两掌摩运至脚面后略停时，要使两膝挺直，并适当运用意识使命门松沉向下塌腰，使脊柱从腰部节节下沉涌动，形成反弓形的抬头塌腰态势。这样的前屈后伸对脊柱、督脉、膀胱经以及命门、阳关、委中等穴具有更好的刺激作用，是疏通经络，调畅气血，活动腰关节和筋骨肌肉，使腰部经脉气血调和的有效手段，具有固肾壮腰，防治腰腿痛、生殖泌尿系统等方面慢性疾病的作用。

4. 前伸后引，意在命门

本式动作在略停后，运用意识以中指领劲，导引两掌犹如摸着地面向前牵伸，尾闾略向后引拉，形成以命门为中心向前后对拉拔伸的“长引腰”态势，直至起身直立举臂姿势，这样更能增大脊柱前屈后伸的幅度，可有效发展躯干前、后伸屈脊柱肌群的力量与伸展性，同时对腰部的肾、肾上腺、输尿管等器官有良好的牵拉、按摩作用，可有效改善其功能，刺激其活动。

综上所述，可知命门与肾的关系密切，两手攀足固肾腰的动作导引对调节命门和肾的功能具有重要意义，而且是强腰健肾、防治腰腿痛的良方。因此，认识和掌握命门学说，对探究健身气功、学好健身气功具有重要作用。

认识人体生命整体观
学好攒拳怒目增气力

健身气功是对人体生命修炼的技术，是建立在中国传统文化人体生命整体观基础上的独特身心锻炼方法。因此，要学好健身气功，首先必须认识人体生命整体观。那么，人体生命整体观究竟是指什么，有哪些内容？其对修炼健身气功又有什么作用？本文以“攒拳怒目增气力”为例，从中医学角度，对人体生命整体观和“攒拳怒目增气力”功法动作进行详细分析、研究，揭开其作用原理和习练要领，为提高健身气功的教学和锻炼效果服务。

一、人体生命整体观的解读

人体生命整体观是指中国古代医学家、养生家对人类生命活动的认识，首先是把“天、地、人”统一起来进行分析，认为人生于天地之间、宇宙之中，人的一切生命活动与自然、社会休戚相关，人与天之间具有天人相应的整体关系。其次是认为人体是以五脏为中心，通过经络系统把五体（指皮、脉、肉、筋、骨）、六腑、诸窍（指眼、鼻、耳、口、舌、前阴、肛门）、四肢百骸等全身组织器官联系成有机的整体。再次是认为人是由形、神两个要素构成，精、气、神是构成人体生命活动的物质基础，它们是组成和维持人体生命的根本要素。“天人合一”、“形神合一”、“形气神三位一体”、

“精气神三位一体”，以及以五脏为中心的脏腑经络理论就是对人体生命整体观的具体阐释。

关于天人相应方面的知识，《黄帝内经》中的生气通天论篇就是很好的解说，它详细地阐述了人与自然具有相通、相应的关系，指出不论四时气候，昼夜晨昏，还是日月运行，地理环境，各种变化都会对人体产生影响。例如，《素问·八正神明论》中说：“天温日明，则人血津液而卫气浮，故血易泻，气易行，天寒日阴，则人血凝泣而卫气沉。”《灵枢·五癃津液别篇》中说：“天暑腠理开故汗出……天寒则腠理闭，气湿不行，水下留于膀胱，则为溺与气。”这说明，春夏阳气发泄，气血易趋向于表，故皮肤松弛，疏泄多汗等；秋冬阳气收藏，气血易趋向于里，表现为皮肤致密少汗多尿等。又如，《素问·八正神明论》中说，“月始生，则血气始精，卫气始行；月郭满，则血气实，肌肉坚；月郭空，则肌肉减，经络虚，卫气去，形独居”，这说明人体生理的气血盛衰与月亮盈亏直接相关。现代医学研究认为，这是因为人体大部分是由液体组成，月球吸引力就像引起海洋潮汐那样对人体中的体液发生作用，这就叫作生物潮。它随着月相的盈亏，对人体产生不同影响。美国精神病学家利伯解释为：人体的每个细胞就像微型的太阳系，具有微弱的电磁场，月亮产生的强大的电磁力能影响人的荷尔蒙、体液和兴奋神经的电解质的复杂平衡，这就引起了人的情绪和生理相应变化。这些研究表明，社会、心理因素并不是人类情绪变化的唯一刺激因素，自然现象的变化同样可以引起情绪发生相应变化。四时更迭、月廓圆缺、颜色、声音、气味、食物等都可作用于人体，使之发生情绪改变，进而影响人体生理活动。这说明人体与自然界是密切相关的，人体的生理、心理活动是和随时、随地的环境变化，互相作用，互相影响，有机地统一在一起的整体。

关于人是一个有机整体，主要体现在脏腑之间、脏腑与各组织之间联系的各个方面。如心主血脉，主神志，主汗液，开窍于舌，其华在面，心与小肠相表里；肺主气，司呼吸，主宣发肃降，主通调水道，开窍于鼻，其华在毛，肺与大肠相表里；脾主运化，主升、主统血，主肌肉、四肢，开窍于口，其华在唇，脾与胃相表里；肝藏血，主疏泻，主筋，开窍于目，其华在爪，肝与胆相表里；肾藏精，主纳气，主水，主骨生髓，开窍于耳及二阴，其华在发，肾与膀胱相表里。因此，脏腑的功能状态可以反映于体表（正如《丹溪心法》中所说“有诸内者，必形诸外”），体表组织器官的变化，也可影响到脏腑。例如，中医对老年人常见头发花白、腰酸腿软、眼花耳聋等症，首先考虑到的是与肝肾相关，因为目与肝有关，腰酸腿软、筋骨无力也与肝有关，肝肾同源，肾与骨、耳及头发有关，因此认为这是肝肾不足所致，法宜补益肝肾，可以经常食用黑芝麻、核桃仁、山药、桑葚、芡实等食物，以聪耳明目、乌发、坚骨、延年益寿。

对于形、精、气、神的认识，从本源上说，神通过气生于形，但从作用上说，神又通过气主宰形，形与神的对立统一，便形成了人体生命这一有机统一的整体。《灵枢·天年》篇说：“血气 已和，营卫已通，五脏已成，神气舍心，魂魄毕具，乃成为人。”只有血气、五脏 、精神、魂魄毕具，才会表现出生命力，才会是一个活体的人。同篇又说，“五脏皆虚，神气皆去，形骸独居而终矣”， 明确指出了死亡的概念就是形神分离。张景岳在《类经》中进一步阐发了“形神合一”的生命观，他说：“人禀天地阴阳之气以生，借血肉以成其形，一气周流于其中以成其神，形神俱备，乃为全体。”在人体统一整体中，古人认为，起统帅和协调作用的是心神。只有在心神的统帅调节下，生命活动才表现出各脏器组织的整体功能特性，故《素问·灵兰秘典论》中说：“凡此十二官者，不得相失也。故主明则下安……主不明则十二官危，使道闭塞而不通，形乃大伤。”也正如张景岳说：“神虽由精气化生，但统驭精气而为运用之者，又在吾心之神。”人体不但自身各部分之间保持着密切的相互协调关系，而且与外界环境（自然环境、社会环境）也有着密切的联系。保持机体内外环境的相对平衡协调，也是靠“神、气”来实现的，故《素问·至真要大论》中说：“天地之大纪，人神之通应也。”神动则气行，神注则气往，以意领气，驱邪防病，又是气功健身的道理所在。可见，精、气、神是构成生命活动的物质基础，形和神是构成人体生命的两大要素，调心在于神旺，练身在于形健，健身气功锻炼只有通过调身、调心、调息的锻炼，做到“形神共养”“形神合一”的基本要求，才能达到形健神旺，神旺形健之“内外兼修”的整体效果。

由上可见，人体生命整体观是来源于中国古代哲学思想的一种对事物统一性和完整性的看法，是对人体生命现象以及相关事物的全面认知，对全面认识健身气功具有重要作用。

二、攒拳怒目增气力的功法内涵

综观健身气功，无论哪一个功法动作，都是从人体生命整体观出发，以阴阳、脏腑、气血、经络等理论为基础，以养精、练气、调神为运动的基本要点，以形体动作为基本锻炼形式，用阴阳理论指导动作的虚、实、动、静；用气机的升降出入指导动作的升降开合、屈伸、俯仰；用独特的脏腑经络理论说明动作的形、神、气、血、表、里的相互关系。所以，健身气功的每一招式，都与人体生命整体观理论密切相关。现在我们一起来分析攒拳怒目增气力的动作，在以五脏为中心的人体生命整体观方面，可发现，攒拳和怒目都与五脏的肝相关。中医认为，肝与胆、目、筋、爪等构成肝系统。肝为刚脏，具有刚强之性，其气主升主动，易亢易逆，故被称为“将军之官”。肝有喜条达而恶抑郁的生理特性，故肝气宜保持柔和舒畅、升发条达的特性（宛如春天的树木生长那样条达舒畅，充满生机），才能维持其正常的生理功能。在肝系统中，目与五脏六腑均有关系，尤其与肝的关系最密切（有目为肝之外窍之称），例如，在十二经脉及奇经八脉之中，直接连目系的有足厥阴肝经和手少阴心经。中医又有“怒则气上”的情志意气关系理论，功法中“怒目”的动作正是采取“怒”的神意，来提高肝气主升主动的阳刚之性，增强肝主疏泄、调畅情志的能力。由此可见，“怒目瞪眼”动作既可提升肝的阳刚之气（通过神的锻炼），又可有效刺激肝经（通过形的锻炼），使肝气充盈，泻出肝之浊气，从而提高肝的疏泻和藏血功能，进而有益于气血对筋膜等软组织的滋养，不但能增长上肢两臂的力量，而且会使全身关节灵活有力，肌肉力量得到增长。另一方面，本式功法要求两腿下蹲十趾抓地、手指逐节强力抓握攒拳的动作，也主要是抓住肝在体合筋，其华在爪的整体关系作用来编排的。因为中医认为人手的握力与肝经有重要关系，而通过手指抓握的握固活动，正是增强肝功能的筋爪活动方法。原理在于这个握固手型，对肝功能具有重要的调节作用。因为握固的方法要求大拇指抵掐无名指根节内侧（道家认为，无名指的指根处为肝的风窍，其作用主要是调节人体的肝胆经气），通过大拇指对此处的抵掐，可刺激该反射点，对具有藏血、疏泻功能的肝脏起到相应的作用。再有，两腿下蹲成马步的姿势，也是中国传统武术练筋和气力的主要方法［这是因为中医认为，筋与肝相联系，肝之气血濡养诸筋，而筋膜又是经脉之气“结、聚、散、络”之所，膝关节处集聚着较多筋膜，故有“膝为筋之府”（《素问·脉要精微论》）之说。通过半蹲的马步姿势对增强膝关节周围肌肉、肌腱、韧带和筋膜功能具有重要的作用］，这从中国传统武术众多拳法皆以马步站桩作为基本功进行锻炼中，就可以看出其对练筋、骨、气、力的重要性。此外，通过马步的脚趾抓地，旋腰转脊，双手旋腕，以及手指逐节强力抓握等动作，可有效地刺激手、足三阴三阳经的俞穴，以及带脉和督脉，具有疏经活络、强筋健骨的作用。长期坚持锻炼，可使全身筋肉结实，气力增加。

三、攒拳怒目增气力的动作要领和体悟方法

动作方法：两腿屈膝半蹲成马步，两掌握固抱于腰侧，拳眼朝上，目视前方。由此开始左前臂贴肋前送向前冲拳，当肘关节离开腰间时，脚趾抓地，旋腰转脊，摧动上臂之拳继续向前冲出，与肩同高，拳眼朝上；同时眼随拳动，逐渐怒目圆睁，视左拳冲出方向，随之左拳变掌向前伸臂插出，掌指向前，然后左臂内旋转虎口朝下，目视左掌。接着，松腕向前按掌翻腕，使掌心向前，随之左臂外旋，指尖由内向外环绕，至指尖向下时变掌心向上握固，目视左拳。接着，屈肘回收左拳至腰侧，拳眼朝上，目视前方（图 59~图 64）。接着做右式动作。

右式动作与左式相同，唯方向相反。本式一左一右为 1 遍，共做 3 遍（图 58、图 65 为过渡动作）。

图 58

图 59

图 60

图 61

图 62

图 63

图 64

图 65

综观其动作方法，如何去体悟其动作要领呢？根据人体生命整体观及笔者的练功体会和教学心得，认为应从以下五方面来体悟：

1. 身正步稳，头顶肩沉

本式动作不管是握拳腰间，还是冲拳、旋腕，皆要求做到身正步稳，头向上顶起，肩部松沉。只有这样，才能把握松静自然、准确灵活的功法要领，进而达到高质量的健身效果。

2. 拧腰顺肩，力达拳面

本式动作目的是调节肝的阳刚之气，使肝之气血充盈，濡养诸筋，起到强筋健骨、增强气力的作用。因此，冲拳时，前臂要贴肋前送，轻抚章门（此穴隶属足厥阴肝经，为脾经募穴，八会穴之脏会，统治五脏疾病，按摩此穴具有疏肝健脾、理气散结、清利湿热等作用），并当前臂离开肋部时，脚趾抓地，拧腰顺肩，肘关节微屈，使力达拳面；同时注视冲出之拳，并逐渐怒目圆睁瞪眼。

3. 按掌旋腕，屈指用力

本式动作在单拳冲出后须变掌内旋，翻腕使掌心向前，指尖由内向外环绕，再成“握固”手型收于腰间。根据动作要领，冲拳到位时，肘关节应微屈，并当伸臂变掌，旋臂转掌心向外后，应先松腕向前按掌（此时肘微屈）使掌心向前，然后再旋腕使指尖由内向外环绕，才能使丹田力贯穿至肩，由肩直接通达于掌根，做到旋腕充分，屈指用力握固，从而确保功法导引的实际健身效果。

4. 自然舒适，循序渐进

本式动作的马步高低要根据自己的腿部力量灵活掌握，遵照自然舒适（膝盖垂直方向不要超过脚尖）、循序渐进的练功原则，由高到低逐步提高。

5. 意动形随，形神合一

本式动作要运用意识引动形体，使劲力起于脚，及腿，及腰，及肩，及肘，达拳，节节贯穿，同时配合眼神逐渐圆睁瞪眼，怒目虎视，并保持怒目圆睁的形意至按掌旋腕用力握固完成，之后再逐渐缓慢将拳收回腰间。这样才能做到神与形合、气寓其中，才能更好地导引肝主升主动的阳刚之气，增强肝主疏泄、调畅情志的能力。

综上所述，可知人体生命整体观是对人体生命现象以及相关事物的全面认知，是健身气功的理论基础。因此，认识和掌握人体生命整体观，对学好和练好健身气功具有重要意义。

认识脊背与阳气作用
学好背后七颠百病消

气功的产生和发展，是前人探索人体生命修炼奥秘的结果。那么背后七颠百病消的“背后”“七颠”究竟存在着怎样的修炼奥秘呢？其作用原理和修炼技巧又在哪里？本文试从运动解剖学、生理学和中西医学角度，对其进行详细分析、探讨，以揭开其作用原理和习练要领，为提高健身气功的教学和锻炼效果服务。

一、认识脊背与阳气的作用

首先，我们来认识脊背。中医认为督脉总督诸阳，膀胱经统领五脏六腑之阳，而人体的背部正是督脉和膀胱经循行的主要部位，因此背部也是阳气最为集中和充盛的部位。从解剖学上可知，背部的正中线是脊柱，为人体的中轴骨骼，上接颅骨，下达尾骨端，是人体直立时所需的骨架支柱，而位于椎骨间的椎间盘，则是人体天然的避震装置（能减轻和缓冲外力及人体在活动中产生的各种震力对脊柱与颅脑的作用），对保护脊柱和颅脑具有重要的作用。由脊椎椎骨所形成的椎管，有大脑以下的中枢神经系统——脊髓，椎骨两侧的椎间孔有由中枢神经分出的31对脊神经，与全身的感觉神经、运动神经、内脏神经相连，这些脊神经支配了人体肌肉、血管、腺体和一切器官的生理活动。由此可见，脊背确实是人体生命一个极其重要的部位。再从中医角度分析，发现经络学说中的督脉主要分布于脊背，起于胞中，下出会阴，沿脊柱后面上行，至项后风府穴处进入颅内，络脑，并由项沿头部正中线，经头顶、额部、鼻部，过人中到上唇系带（龈交穴）；在背部，有分支从脊柱后面分出，属肾；又有分支与足太阳膀胱经同起于眼内角，上行至前额，于巅顶交会，入络于脑，别出下项，沿肩胛内、脊柱两旁，到达腰中，进入脊柱两侧的肌肉，与肾脏联络。督脉具有调节阳经气血，主生殖，反映脑、肾及脊髓的生理功能，为“阳脉之海”，与十二经络中六条阳经在大椎穴相交会，是阳脉之督纲，对全身阳经起到调节作用，有“总督一身阳经”之说。足太阳膀胱经起于眼内角（睛明穴），上过额部，直至巅顶，下行入颅内络于脑，复返出来行至项后（天柱穴），下行交会于大椎穴，再分左右沿肩胛内侧，挟脊旁，沿背中线旁一寸五分下行进入脊柱两旁的肌肉，络于肾，下属膀胱。有一分支从腰中分出，沿脊柱两旁下行，穿过臀部，经大腿后面进入腘窝中（委中穴）；再有一分支从项部分出下行，通过肩胛，沿背中线旁二寸下行，过臀部，经过髋关节部，沿大腿外侧后边下行，会合于腘窝中，向下通过腓肠肌，经外踝后面，在足跟部折向前，经足背外侧至足小趾外侧端（至阴穴），交于足少阴肾经。由此可见，膀胱经是人体循行部位最长、最广的一条经脉，而且主要分布在脊柱两旁，并与肾经相表里（肾主水，膀胱主管全身的水液代谢）。更为重要的是，分布在膀胱经上的俞穴（是脏腑之气输注于背腰部的俞穴，如肺俞、厥阴俞、心俞、膈俞、肝俞、胆俞、脾俞、胃俞、三焦俞、大肠俞、小肠俞、膀胱俞等）与脏腑有密切关系，对调节五脏六腑的功能具有重要作用。如《素问·奇病论》中云：“胆虚气上溢而口为之苦，治之以胆募俞（募穴和俞穴的总称）。”又如肺俞，就是肺脏的转输、输注之穴，对于保养肺部和治疗肺脏的疾病都有极其重要的作用。因此可以说，背部是全身气血运行的大枢纽，是治病养生的重要部位。

现在我们再来了解阳气的作用，《素问·生气通天论》中曰：“阳气者，若天与日，失其所则折寿而不彰，故天运当以日光明……骨正筋柔，气血以流。”可见，阳气在人体生命中具有重要的地位！又有《黄帝外经·考订经脉篇》中曰：“膀胱之经属足太阳者，盖太阳为巨阳，上应于日，膀胱得日之火气，下走于足，犹太阳之火光普照于地也。”再有从膀胱经上的俞穴可知，全身的脏腑皆有相应的俞穴在膀胱经上。这正如“万物生长靠太阳”一般，五脏六腑都离不开太阳膀胱经的滋养。故中医有阳气运行皆由督脉统领督导，促太阳膀胱气化，滋养其他脏腑经络、四肢百骸之说。又有《黄帝外经·考订经脉篇》曰：“盖膀胱为肾之表，故系连于肾，通肾气中命门之气。”而《黄帝内经》则讲太阳寒水。这说明太阳经真正的阳气来自命门，即太阳膀胱经靠命门之气温化、蒸腾，犹如太阳之普照大地，化其水以利万物一样，滋养全身脏腑经络。如果脊柱出现异常，特别是第二腰椎“命门”穴处出现错位或异常弯曲，命门之火受限则会导致：一是先天之火不旺，寒入；二是后天之火得不到先天之火的生化，则阳气渐衰。如此，太阳膀胱经则无法行使利用“太阳”之光热的作用，无法升化，就不能利万物（脏腑经络、四肢百骸）。相反，正如清代道学大师黄元吉所说：“学人有此真阳之火，任他外而肢体，内而脏腑，多年顽残宿疾，真火一逼，自然化为汗液，从遍身毛窍而出，如有不化者，只是他火力尚微，未得真阳之气。盖阳者刚也、健也，其性原来至动，身中疾病多阳弱阴强，积成沉疴瘤疾，一得真火之候，犹之冬雪坚凝牢不可破，到春日载阳，其气温和，任他久凝而坚之冰霜，乌有不见阳日消者，人身之疾，无非阴气凝结而成，有此阳气，亦焉有不化者哉！吾道所以能却病者，不是别有妙法，只是得天地真阳之气而已。”现实临床常见的患者身上形成之结块、条索，也多因寒邪入侵，阳虚不能气化所致。由此可知，阳气不足是导致疾病的首要原因之一。故加强背部“命门”的修炼，提升阳气，实乃防病、治病、养生之大要。

二、背后七颠百病消的功法原理

为什么说背后七颠百病消呢？其实无论是从中医理论还是西医理论都可找到其答案。首先，我们从运动解剖学和生理学分析，从上面脊背的解剖结构知识可知，脊椎是提供人体直立时所需的主要骨架支柱，当脊椎遭到急慢性损伤或退行性变而改变其结构时，脊柱周围软组织（肌肉、韧带、筋膜、神经、血管等）将受到影响，发生病理性改变，特别是对植物神经产生的压迫影响，会造成五脏六腑及各内脏器官接连发生病变，功能失常。例如，当脊椎结构长期不正时，人体的软组织形成紧张和压力，组织间的血液流量也逐渐减缓，导致细胞气血不足，缺乏氧气和养分，于是产生种种质变，带来各种慢性病及人体的老化等问题。西方的整脊疗法则是从生物力学的角度，应用特殊的手法对颈、胸、腰椎和骨盆的骨关节、椎间盘以及脊柱相关软组织的劳损，紧张僵硬或退化性改变进行调整，以恢复脊柱内的生物力学平衡关系，解除脊柱周围软组织急慢性损伤的病理改变，来达到调节其外在生物力学平衡和内在的气血、阴阳平衡。以此来治疗脊柱及其相关疾病。例如，根据临床经验，许多内脏疾病通过脊柱的调整治疗法就能治愈。临床中诊治的颈椎、胸椎、腰椎疾病中，有一半的病人伴有植物神经紊乱和相应的内脏疾病，当脊椎病治好后，这些相应的脏器疾病也就痊愈了。我们再来分析“七颠”的动作方法，发现“七颠”的功法正是一方面通过百会上领，拔伸脊柱，拉长脊柱周围、大小腿、足底等部肌肉、韧带，一方面通过颠足放松，震动脊柱及下肢各关节内部结构，使全身肌肉、筋骨得到放松复位。这样能使脊柱和下肢周围软组织得到良性的按摩和锻炼，有助于解除肌肉紧张，恢复脊柱内的生物力学平衡，达到治疗康复效果。其次，我们从中医角度来分析，从经络学知识可知，督脉、膀胱经主要分布在背部脊柱及脊柱两旁。督脉、膀胱经与脊柱之间的关系，犹如高速公路两边车道与中间隔离带的关系，若脊柱向侧偏斜弯曲，则两侧的气血受阻，也即是说脊柱的中正是保持督脉、膀胱经畅通的基础。而从脏腑的俞穴位置和功能来分析，可看到所有的俞穴都处在脊柱周围，根据中医的气血理论，通过对背部俞穴进行导引、按摩、贴膏药和针灸等方法，能够有效地刺激督脉和膀胱经的经气，促进督脉和膀胱经的气血流通，达到治病康复的医疗保健效果。综观背后七颠百病消的动作方法，发现“七颠”的方法正是通过百会上领拔伸脊柱和下肢的筋骨和肌肉，以及颠足放松的落地震动，使处在脊柱周围的脏腑俞穴得到有效的按摩，尤其是脚后跟（有足太阳膀胱经、足少阴肾经、阳跷脉、阴跷脉通过）、腰脊“命门”及其两边腰眼的前折后迭更为激烈，使两脚跟及两肾得到非常有益的按摩，对刺激督脉、足太阳膀胱经的经气，提升阳气具有重要的作用。此外，足趾为足三阴、足三阳经交会之处，脚十趾抓地，可有效刺激足部相关经脉，调节相应脏腑的功能。另有，结合意识导引丹田之清气向上经过腹胸至头顶而出与天气相接，而双脚踩踏入地引丹田之浊气下降由足底而出与地气相接，形成天地人合一的“开”炼气状态（这种状态能使气机升与降达到最大的阴阳对立统一，对身体产生强而有力的对拉拔长牵伸作用，牵动了经络之气，使脏腑器官得到舒展，其气血也得到相应调节），再结合落地震脚的放松还原动作的松“合”状态，是调畅气机的理想、有效方法。所以可以说，本式对提高人的阳气及畅通全身气血具有重要作用。因此，背后七颠能消百病的说法确实是有其原因和道理的。

三、背后七颠百病消的动作要领和体悟方法

动作方法：两脚并步站立，两臂自然垂于体侧，身体中正，目视前方。首先头向上顶起，随之两脚跟提起，略停；接着两脚跟下落，轻震地面。本式一起一落为 1 遍，共做 7 遍（图 66、图 67）。

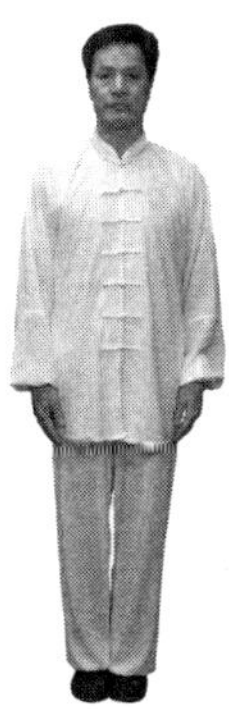

图 66

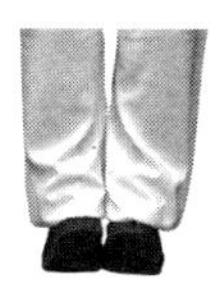

图 67

综观其动作方法，如何去体悟其动作要领呢？根据功法原理及笔者的练功体会和教学心得，认为应从以下三方面来体悟：

1. 头顶上提，逐节拔伸

本式动作上提时，须注意两腿并拢，脚趾抓地，并意想头顶被一线往上提起，将头、颈、胸背、腰腹、胯、大腿、小腿、脚跟逐节提拉，脚跟被尽量拉高。形成百会上领，收腹提肛，肩向下沉的上下对拉拔长态势，这样有利于身体的平衡稳定；同时，这样的动作犹如治疗颈椎、腰椎的物理牵引治疗方法，对拔伸颈椎、胸椎、腰椎、下肢部，使各筋骨、肌肉正位具有重要作用。因此可说本式功法是一种简单有效的导引养生治疗方法。

2. 意动形随，顶天立地

上提过程，首先是意想头顶向上提起，随即头部向上提升，并依次拉直颈椎，胸椎，腰椎，底椎，提起胯骨、大腿、小腿、脚后跟。在外显示出从头到脚的逐节提拉，而在内则注意运用意识引动，做到意动形随，意形神合一。最后意想头顶向上提升到蓝天上空与天气相连，意想两脚抓地踩到地下无限深处，与地气相连，想象自己是一个顶天立地的巨人，达至天、人、地三才合一的练功态势，并略停。

3. 咬牙颠脚，缓半轻震

本式动作脚后跟下落时，须先缓缓下移，待脚跟离地约到一半（脚跟离地最高时距离之半）之时，再自然下落（犹如树上熟透了的苹果自然掉下），震动脚跟；同时，松肩沉臂，全身放松，并注意在脚跟落地瞬间，上下牙齿轻轻咬合，两膝放松，自然微屈。这样才能达到震动合度，起到适度抖动身体和震动脏腑经络的作用，从而避免震脚时由下肢直接传递给大脑较强的震动（大脑受到较强的震动，会引起头痛头涨，甚至导致大脑的损伤），达到强身健体目的。

综上所述，全面认识背部结构和提升阳气的原理，以及把握颠脚的功法要领，对理解和学好背后七颠百病消具有重要意义。

认识丹田　学好收势

丹田，气功界一个经常提到而且非常重要的名词。那么丹田究竟是指什么呢？它在气功修炼中又有什么作用呢？健身气功·八段锦收势原理又在哪里？下面谈谈本人对丹田的认识，以及意守丹田在收功中的应用技法。

一、认识丹田

从古至今，气功修炼者都非常重视丹田。那么何为丹田呢？丹田一词，源自于道家，现已作为气功学中的常用术语之一。丹田中的丹就是指道家炼制的所谓长生不老药，如丹药、丹饵。见于晋葛洪《抱朴子·金丹》："九转之丹服之三日得仙。"南朝梁江淹《赠炼丹法和殷长史》诗："方验《参同契》，金灶炼神丹。""田"原指种植农作物的土地，此借指人体部位。丹田就是指人体炼丹、结丹和藏丹的部位。如明代医学家张景岳说："道家以先天真一之炁藏乎于此，为九还七返之基，故名之曰丹田。"至于丹田的位置，有多种说法，但大多数医家、气功养生家认为丹田有上、中、下三个，上丹田在两眉之间印堂穴之后、百会穴之下，又称"泥丸宫"；中丹田在胸中两乳之间膻中穴之内，为宗气之所聚；下丹田在脐下腹腔内，与神阙穴、关元穴、气海穴、命门穴都有关，是在这些穴位之内的一片区域。如《钟吕传道记》中记述："丹田有三，上田神舍，中田气府，下田精区。精中生气，气在中丹；气中生神，神在上丹；真水真气，合而成精，精在下丹。”在气功锻炼中，由于下丹田的养生健身作用明显，又是上丹田和中丹田的基础，而且意守下丹田最安全，因此，古今医家、气功养生家多强调和推崇下丹田为锻炼、汇集、贮藏人体真气的部位，通常所说的丹田多是指下丹田。

关于丹田的作用，古代养生家认为，天有三宝日月星，地有三宝水火风，人有三宝精气神。精气神是构成生命活动的物质基础，是组成和维持人体生命活动的根本要素。精、气、神三者存在相互为用、相互促进、相互转化的关系，通过积神（存神）可生气，积气可生精，炼精可化气，炼气可化神（如在平时工作生活中，通过休息、养神，可消除疲劳，恢复精神和体力，就是存神生气系列作用的具体表现）。又认为下丹田为藏精之腑，是炼精化气之所。通过意守下丹田，可产生真气，壮实丹田，起到固本培元的作用。那么何为意守丹田呢？意守丹田就是用意识关注、存想丹田部位，以一念代万念，最后达到一念不起、身心澄明的虚静境界。这种意守丹田的方法就是积神、存神，可激发人体元气、真气、宗气的化生，待真气充盈后就可转化生精，待精足后就可转化成更高质量的气，再转化成神。中丹田为藏气之府，是炼气化神之地。通过意守中丹田，可起到调心养神、强心肺、益宗气作用。上丹田为藏神之府，是炼神还虚之舍。通过意守上丹田，可使人精力充沛，记忆力增强，起到开慧增智、激发人体潜能的作用。由此可见，上、中、下丹田之中，以下丹田作用最为重要，这也是古今医家、气功养生家多主张意守下丹田的主要原因。

那么下丹田的作用原理在哪呢？古代养生家认为，下丹田位于腹部人体中心，其范围包括“神阙”“关元”“气海”“命门”等穴，而命门在中国传统养生当中有“生命之门”之称，认为命门是人体先天之气蕴藏之处，人体生化的来源、生命的根本。命门又是肾间之动气，是气出入的关键之处。练功时，只有打开命门，才能使肾中藏有元阴、元阳化生元气，注于气海以滋养全身。另外，任脉 、督脉 、冲脉三脉经气运行的起点都在下丹田，而且十二经脉都直接或间接地通过丹田而输入本经，再转入本脏，因此古人称下丹田为气机的枢纽。下丹田还是男子藏精、女子养胎的地方，因此古人又称丹田为元阳之本、真气生发之处，人体生命力之源泉。如《难经》中指出，下丹田是“性命之祖，生气之源，五脏六腑之本，十二经脉之根，阴阳之会，呼吸之门，水火交会之乡”。又如，清代医家徐大椿在《 医学源流论 》中精辟喻之为：“阴阳阖辟存乎此，呼吸出入系乎此。无火而能令百体皆温，无水而能令五藏皆润。此中一线未绝，则生气一线未亡，皆赖此也。”由此可见，下丹田为人体中一个极其重要的部位。所以医家、气功家多主张意守下丹田，以下丹田为修炼、汇聚、储存真气的主要地方。气功锻炼实践也证明，通过意守下丹田的锻炼，对精、气、神三者的相互滋生、相互转化有着明显的促进作用。

我们再从人体解剖学、运动生理学、运动心理学角度对意守丹田的作用进行分析，可以发现腹部丹田存在植物神经的主要神经丛和神经节，如腹腔丛、肠系膜间丛、腹下丛及盆腔丛、腹腔节、肠系膜上节、主动脉肾节、肠系膜下节等。其中腹腔丛及盆腔丛支配所有腹腔和盆腔的脏器、血管，包括膈肌、肝、脾、胃、肠、肾及肾上腺、输尿管、膀胱、卵巢及子宫或输精管等及其全部血管。意守丹田能使人心静神宁，而作用于大脑神经，进而刺激神经末梢，助于呼吸调和，形成深、细、匀、长的腹式呼吸，从而使内脏活动增强而作用于植物神经的腹腔丛及盆腔丛，进而提高相应的内脏生理活动机能。另外，由于腹式呼吸的形成，腹腔肌肉张力提高，细缓深长的一呼一吸可使血管一舒一缩的血流量增大，血液循环加快；同时由于肺脏换气量增加，血液的含氧量也相对增高。这些对改善神经及各内脏器官、系统的营养具有重要作用，对提高整个机体的生命活力具有重要意义。古人说："用心意集中于丹田内，先吸后呼，一吸百脉皆合，一呼百脉皆开，呼吸往来百脉皆通，气血通畅百病皆除。"这种练功之效，其主要作用原理也正在于这。由此可见，意守丹田是诱导大脑安静和形成腹式呼吸的条件刺激因子，它的重要性就在于此。

二、收势的动作方法和原理

两脚并拢，头正身直，下颌微收，舌自然平贴于上腭，两臂各关节放松自然下垂，全身放松；呼吸自然，两眼平视。接着两臂内旋，两掌分别向两侧摆起，约与髋同高，掌心向后。随之两掌外旋掌心向前合抱拢气，于腹前相叠置于丹田处（男性左手在内，女性右手在内），目视前方，目光内含，意守丹田 1~5 分钟（图 68、图 69）。最后搓掌洗脸结束（图 70）。

图 68

图 69

图 70

从气功养生文化的角度看，本式动作主要是意守丹田。由以上丹田知识可知，丹田为修炼、汇聚、储存真气的主要地方。通过意守丹田，可产生真气，壮实丹田，起到固本培元的作用。本式动作主要目的正是通过意守丹田、引气归元，使前面各式功法动作所引发的全身经气，以及天地之精华汇聚于丹田（意到气到），藏于丹田，进而化生真气及精，以壮实丹田，起到固本培元的作用。这正如古人所说："将心意守于丹田久坐，丹田内即生气生血，气血满足，身体健壮而百病皆瘉。"由此可见，本式动作之原理正在于丹田的炼气和藏气作用。

三、收势的动作要领和体悟方法

1. 虚灵悬顶，中正松舒

本式动作要领之一在于体态安详，周身放松，因此在调整身形中，要运用意识引头顶向上虚虚领起，牵带脊柱中正，椎骨节节松开，形成头及各椎骨好像悬于空中的虚灵态势，使身体中正松舒，心安神宁。

2. 止观返听，呼吸自然

运用意识将眼光从外向内收回，使双目神光聚于眉心，再由此处向下注视丹田；同时两耳不再闻耳外之事，而静静听丹田气息的呼吸往来，或缓或急，或小或大，任其自然。这样则可使神不外驰，耳不外闻，呼吸自然，心平气和地意守丹田。如是则能以神入气，练息归神，意气相合，而达古人所说的“积神生气，积气生精，炼精化气，炼气化神”目的。这种止观返听的方法也正是气功学所讲的观而不观、不观而观，听而不听、不听而听的具体练功要领。

3. 引气归元，以手感知

意识贴于丹田的两掌轻轻感知气息升降开合，一呼一吸，以“意到气到”之原理引气归元。这样更有利于达到排除杂念、心静体松、心平气和的功法要求。

4. 擦掌轻摩，理气通经

收功后要适当做些整理活动，如双掌相摩搓热轻轻浴面，按摩后枕玉枕、风府、风池等穴和颈部、腹部、腰部周围肌肉，以及拍打放松四肢等。这样有利于疏散郁结于身体各部的气血，进一步起到疏经理气、通调血脉、谐和脏腑的锻炼效果。这也是练功后放松肢体肌肉，愉悦心情，进一步巩固功法效果，以及逐步从练功状态恢复、回到平时生活状态最有效的练功方法之一。

附录 1

利用“节分点”教好健身气功

所谓“节分点”，就是在调身过程中特定的动作转换点，它在健身气功教学中，具有让学员准确学习功法动作、正确掌握动作要点及规范功法动作等作用，可称得上是健身气功“三调”中调身的好帮手。因此，在健身气功教学中，灵活运用“节分点”进行教学，对提高教学质量和学员锻炼效果，正确地传播健身气功无疑具有重要的意义。本文拟就“节分点”的特点和运用方法谈谈本人的教学认识和体会。

一、“节分点”在健身气功教学中具有以下特点

（一）简单、清晰、易学

“节分点”的首要特点是在动作教学过程中使复杂的动作显得简单，动作线路清晰，让学员一学就会。例如，健身气功·易筋经的卧虎扑食势的动作教学，可以定以下 8 个“节分点”：①右脚内扣约 45°，左脚收至右脚内侧成丁步，同时身体左转约 90°时为第一“节分点”；②两拳提至肩部云门穴时为第二“节分点”；③两拳内旋变虎爪，左脚向前迈一大步，同时两虎爪向前扑按成虎扑食势时为第三“节分点”；④以背

部至阳穴向下向后至背突时为第四“节分点”；⑤以至阳穴部位带动胸腰折叠，使胸腰椎逐节涌动带动手臂的涌动传到虎爪完成时为第五“节分点”；⑥上体下俯，两爪下按着地时为第六“节分点”；⑦塌腰、挺胸、抬头瞪目完成时为第七“节分点”；⑧起身，双手握固收于腰间章门穴时为第八“节分点”。这样的分解划分，动作路线清晰，简单易记，学员学起来就会省心省力，达到事半功倍的教学效果。

（二）准确、规范、高效

“节分点”的另一特点是让学员学习的动作准确、到位规范、运动效率高。对“节分点”的特征进行分析，发现“节分点”具有明显的“承前启后”“转换”等运动特点，它标明动作到此需要变化，转换动作路线或手形等。例如健身气功·十二段锦的冥心握固的动作教学，可定如下 5 个“节分点”：两手从膝关节内侧分别向体前 45°前伸，当掌根离开膝部时定为第一“节分点”，从此点开始两臂慢慢外旋向斜上方举起；当两掌举到与肩同高时定为第二“节分点”，从此点开始抬头；当两掌继续向上举至两臂与水平成 45°高时定为第三“节分点”，从此点开始，下颌内收低头，两臂内旋下落；当两掌下落至前平举，与肩同宽，掌心向下，目视前方时定为第四“节分点”，从此点开始，意想百会上领与两掌下按，体验脊柱上拉与心气下降；当两掌由身前下按至腹部肚脐同高时为第五“节分点”，从此点开始两手拇指抵无名指根节握固收回置于两膝内侧。由此可见，利用“节分点”更能让学员学会动作线路和功法要领，为学员动作准确、到位规范打下良好的基础。

又如健身气功·易筋经的韦驮献杵第一势的两手前举到与

肩同高时所形成的一个动作点，我们可以把它看成是一个“节分点”，到此节分点，动作从拇指向上领劲，其余四指向前伸展转变为沉肘带掌收回，动作线路发生了变化，动作劲路的主动性也发生了变化。可见，这样的分节（节分点）讲解，对学员正确领会动作要领，把握动作劲路及内涵具有重要的作用。与此同时，学员的动作准确、到位规范，也大大提高了学员的肌肉、筋骨、关节，以及内脏活动的幅度，有利于提高学员的运动效率，提高健身气功的锻炼效果。

二、“节分点”的运用方法

“节分点”主要运用在动作分解教学中，其关键首先是选好“节分点”，其次是对“节分点”动作要领的把握。

（一）“节分点”的选取

对于一个具体的健身气功动作的教学，我们要分析它的动作线路和技术要点，才能找出合适的“节分点”。例如，健身气功·十二段锦的叩齿鸣鼓这个动作就可分两个“节分点”，其中两拳变掌运动至两腰间时，可选取腰间的那点作为一个“节分点”；当两臂内旋向体侧平举至与肩同高时，可选取两手与肩同高时的那点作为另一个“节分点”。按此就可让学员知道此动作线路关键点（即节分点）一是腰间，二是两手与肩同高的那点，同时了解动作运动至腰间后掌心才由向下随臂内旋转向后，待两臂侧平举至两手与肩同高时，两掌心才由向后转为向前，而后再屈肘成通天指。又如十二段锦摇转辘轳的前后交叉绕肩动作，可选取两手不动，上体左转，以肩为轴，右臂前摆，左臂后摆至两上臂成一条直线，也即两肘与肩平时为一个“节分点”；上体向右转正，两臂继续上摆，当肘尖向上，也即两肘夹于头的两侧时定为一个“节分点”；上体向右转，左臂前摆，右臂后摆，至两上臂成一条直线，也即两肘与肩平时为一个“节分点”；上体向左转正，两臂下落，肘尖向下，也即还原成开始时为一“节分点”。明白了这四个“节分点”，前后交叉绕肩的动作就容易把握了。这样选取“节分点”，学员容易按“节分点”的方位学会动作线路，从而达到动作准确、规范功法的要求。

为了让学员动作更加准确到位，以及更好地掌握功法动作要领，提高锻炼效果，可将动作的“节分点”定得更详细些。如十二段锦摇转辘轳的向前向后绕肩动作，可定展肩扩胸，两肘后夹到极限位为一个“节分点”；向上提肩到最高位为一个“节分点”；向前合肩含胸，沉肩至两肘前夹到极限位为一个“节分点”；还原成正身端坐为一个“节分点”。这样选取的“节分点”，容易让学员的动作做到位，从而能更有效地刺激三阴三阳经、督脉、膀胱经、背俞穴，打开夹脊关，进而达到更高的锻炼效果。

（二）对“节分点”动作要领的把握

把握“节分点”动作要领的关键是要注意“节分点”处动作的转换要求，如动作路线、方位的转换、劲力的转换、身形、身势、手形、手势、步形、步势的转换要求等。例如前面所述摇转辘轳向前向后绕肩动作的四个“节分点”的动作要领都是：以肩胛骨为动力，尽可能地使肘部动作幅度达到最大，而且要紧中有松，整体动作速度均匀、连绵不断、圆滑匀畅。又如上面冥心握固动作中的“当两掌下落至前平举，与肩同宽，掌心向下，目视前方”这一“节分点”，其要点是从此点开始体会两掌下降，气沉丹田的同时，体会百会穴向上领起，提拉颈腰椎的本体感觉。由此可知，只有把握了“节分点”的动作要领和功法内涵，才能做到正确运用“节分点”，进而为教好健身气功服务。

综上所述，“节分点”在健身气功教学中具有简单、清晰、易学、准确、规范、高效等特点。因此把握节分点的应用方法，灵活运用于分解教学中，对提高健身气功的教学效果无疑具有事半功倍的作用。

附录 2

运用意识引动形体的教学方法研究

健身气功是一项通过调身、调息、调心锻炼，调顺人体系统功能状态，改善身体健康状态，使身心臻于高度和谐的科学运动技能。可见，把握调身、调息、调心的方法是练好健身气功的关键。本人针对调身、调息、调心的各种要领要求及教学方法，运用文献资料法，同时结合本人的教学实践进行了详细研究，发现运用意识引动形体的教学方法是把握调身、调息、调心要领的最有效方法之一。下面拟就运用意识引动形体的教学方法谈谈本人的心得体会。

一、什么是意识引动形体

意识引动形体，就是练功者运用良性自我精神意识、思维活动主动自觉地调整和控制身体活动，使之逐渐达到练功的要求和目的。它是调心、调息与调身相互配合的运动过程，是一种良性的心理活动与身体动作相结合的运动形式。

二、意识引动形体的心理学和生理学机制

首先，运动生理学表明肌肉的放松和收缩是产生肌力的

基础，放松程度影响着肌力的大小，对内劲的质量起着重要的作用。而通过意识的能动作用，可以调节肌肉的松紧程度以及中枢神经系统的兴奋性，使人体各器官系统的协调性大大增强，肌肉、关节的收缩与拉伸程度提高，有效提高肌力的使用效率。

其次，运动心理学表明，通过意识的能动作用，可以主动自觉地调整和控制呼吸的次数、深度等，使神、意、气与动作更加协调。

再次，运动实践证明，意识可以感知身体各部位的相对位置，能使练功者更好地按功法的要求对基本身形或肢体的运动进行调控，使筋、膜、骨肉等之间协调和谐，让气血运行更加流畅。

由此可见，运用意识引动形体是引导或调整呼吸的节奏、优化身体的外形和内部结构，进而达到舒筋活络，使气血更加流畅的有效方法，也是调身、调息、调心相互配合，达到三调合一的理想途径，对提高健身气功教学和锻炼效果具有重要作用。

三、运用意识引动形体在健身气功教学中的作用

（一）容易找到运动感觉，建立正确运动表象

现代生理学研究表明，任何运动技术的形成和完成都是从肌肉产生感觉开始，以心理活动为调节，通过运动器官的效应活动而实现的。因此在健身气功教学中，要帮助学生找到正确完成动作时的肌肉感觉，才能让其更好地掌握健身气功的动作技术。对健身气功动作的习练要领进行研究，不难

发现运用意识引动形体的方法正是找到正确动作肌肉感觉的最佳方法。例如，健身气功·八段锦的两手攀足固肾腰这个动作，用意识使两手引气从头顶进入身体，然后沿膀胱经下行至脚底入地，随之意想有一引力拉着两手中指与地面平行拖出，待手掌平行拖尽后，配合吸气继续引中指向远上方拉起，最后带动身体向上伸直，双手举至头顶，则可感觉到有一股力量牵引着你的中指，带动上臂及身体由屈到伸直并将双手带至头顶，而且感觉到动作非常的自然、轻松和舒服。这种气力就是意识引动形体所获得的“内气”。如果你没有这种意识引导，则会显得动作生硬，且没有这种轻松自然的本体感觉。通过这样的意识引导，能让人真正体会到腰、胯、腿、脚、肩、臂和手指等各关节有内劲节节贯穿，两手柔和缓缓自动运行到位的本体感觉，较易形成正确的运动表象。

（二）容易记住动作线路，有利于动作的巩固和提高

运动生理学表明，对动作意识的练习方法改变，可以使大脑皮质得到不同的刺激，从而对动作产生不同的本体感觉。健身气功教学实践也表明，在教学中采用良性意识引动形体的练习方法可使习练者本身的肌肉本体感觉得到改善，建立第二信号系统的分析与综合，把直接感觉进行归纳储存，使之在大脑皮质中形成痕迹，为巩固功法技能提供有利因素。例如，通过意识的引导可在大脑皮质内建立并巩固功法动作图像，将动作路线释译成程序图，然后经过反复多次练习认知，建立最佳的运动图式，有利于对动作路线的记忆，巩固正确的动作定形，进而使运动技能得到发展和提高。

（三）容易引发学习兴趣，提高功法锻炼效果

意识引动形体的教学技术要求学生在“节分点”处用心自我体验本体感觉的变化，这种本体感觉的体验会引起相关运动中枢兴奋，兴奋经传出神经传至有关效应器，能引起难以觉察的运动动作感觉，具有强化运动神经通路，以及引发习练者的学习兴趣作用。另一方面，这种自我体验的程度对动作记忆会产生很大的影响，能调动大脑的潜能，使功法路线、要领等知识不断地得到巩固和加深。同时也是一种良性的心理引导，有利于排除思想杂念，提高功法的锻炼效果。例如，健身气功·易筋经的韦驮献杵第一势，运用意识通过运动中枢的调节与控制，随着吸气肩胛骨向后内收，随着呼气肩胛骨向下沉降，随气息将内劲运送到手指末梢，意想将手插到地下无限深处。接着，以拇指领劲引两掌向前、向上划弧至胸前与肩平，同时意想中指向无限远处延伸。然后，沉肩坠肘，以肘领劲引两手内合于胸前成韦驮献杵第一势（掌根与膻中穴相平，相距约10厘米处）。通过这样的意识导引，能体会到随着动作路线的变化，身体各关节（特别是肩臂关节）节节松开、轻松自然运行到位的本体感觉，让人真正体会到伸筋拔骨之感。所以，运用意识引动形体方法进行教学，对提高健身气功教学质量和锻炼效果具有重要作用。

四、运用意识引动形体的教学方法

在《健身气功社会体育指导员培训教材》中，对调身明确强调了引动形体要运用意识，并说明运用意识来引动形

体，主要是先使意与形相合，要求姿势正确，在正确姿势的引导下，促使气血流转，从而达到周身气血畅通。根据这一要旨，结合本人教学实践，认为运用意识引动形体的教学方法主要有以下三种。

（一）以意导体

健身气功教学在功法动作框架已经初步建立后，需要逐渐强调形体导引的内向整体运动，也就是当动作练习已基本掌握时，其意识关注点则应逐渐集中在对内意识的调控上。通过内在感受的反馈进行调节，使学生能够对练功进行合理的认知和调控，使呼吸和动作内化，真正进入以内在运动为主导的内外合一的健身气功锻炼状态。例如，在讲解健身气功·易筋经的韦驮献杵第二势时，运用以意导体的练习方法，意想由手中指领劲，坐腕向两侧无限推开，使内劲从脚大趾起沿大腿内侧到腰、到肩、到肘、到手的路线运行，劲达掌根。具体操作为：在身心放松的状态下，先意想两肩下沉，同时两肘领气向两侧上抬至与肩相平，然后换两手中指领劲向前伸出，同时肩背命门向后引，形成一个前后对称的阴阳对拉劲。待两手伸直至两肩同宽时，中指继续向两前侧领劲使双手向侧后分开划弧至两侧与两肩同一直线时，再向上领劲，坐腕立掌往两侧外推，犹如将两座山向两侧无限远处推开，同时两脚内侧用力撑伸足三阴经络。这样容易形成一个由脚到腰、到背、到肩、到肘、到手这样的一条内劲伸筋拔骨路线图，使动作做得更加规范，对矫正动作、防止遗忘、提高动作质量有很大的帮助。通过这样的以意导体练习，能在形体上感觉到手臂伸长、骨节松开，达到伸筋拔骨效果。

（二）以气合体

在意识的引导下，配合动作进行适当的呼吸调整，使呼吸与形体相结合，能让全身肌肉相对放松舒展，提高活动度，使动作灵便，更易找到内劲的感觉。例如在做易筋经九鬼拔马刀势两肘外开扩胸时结合吸气，意想内劲由腰而发，经肩胛至肩达肘，内收相合时配合呼气，胸腰放松，意想内劲自然回收丹田。两肘一开一合，犹如两扇门弹簧般拉伸收合。出爪亮翅势两肩胛骨向内收引两肩外开扩胸时配合吸气，两掌向前推时，结合呼气，通过运动中枢的调节与控制，肩胛骨微微下落，将内劲运送到手掌，动作将显得沉着，气力充实。这种在意念的引导下呼吸的形式、节奏、深浅与动作和气力的方向、速度、大小的调节，使动作更容易到位和协调一致，从而使呼吸与气力合一，起到增强内劲的作用。另一方面，深而慢的呼吸还可让烦躁的心情平静下来，调节身体放松，使意念专注于练习，从而提高锻炼效果。

（三）语言诱导

运动心理学认为，在形成和完善运动表象的过程中，语言具有集中和强化的作用。因此在教学过程中，运用明晰简练的语言说明内劲技术动作要点，对形成和完善正确动作具有重要作用。例如，在教授健身气功·易筋经的倒拽九牛尾势的动作时，用转（腰）、坐（后坐）、沉（肩、肘）、旋（臂）四字来说明动作劲路要点，并讲解每一提示语所包含内劲的相应肌肉运动感觉，让学生在理解肌肉用力的时间、空间、力量等特征的基础上进行记忆并引起相应的运动表象，使学生能正确理解和掌握以腰带肩、以肩带臂、以臂带拳，逐步用力的动作劲路要领，以及相应的本体感觉，从而提高健身气功的锻炼效果。

五、以意识引动形体的基本要求

以意识引动形体，要因功法、姿势、动作的不同而异，其基本要求主要表现在：

（一）心澄貌恭，精神专一

对老师教学、功法要领和动作要求要有庄重、恭敬之意，才能真正做到专心致志，以意引动形体。

（二）心身放松，动作柔和

以意识引动形体一定要以身、心放松为前提，做到形松意充，动作才能轻松柔和，进而气血畅达。

（三）把握要义，用心体验

要正确理解功法含义，掌握正确的用力方法，用心体验功法动作中的肌肉感觉和练习技巧。

（四）适当引导，提高效果

对动作的要点、重点、难点进行适当的引导和提示，能使练习顺利进行，进而产生良好的教学和锻炼效果。

综上所述，运用意识引动形体的教学方法具有实效性、可操作性，是提高健身气功的功法技术的重要方法。它能有效地提高学员学习健身气功的兴趣和积极性，对进一步提高健身气功的教学质量和锻炼效果具有重要意义。

附录 3

动觉教学法

——变抽象为具体的教学法

健身气功的教学方法很多，但有一种既古老又新颖的教学法——动觉教学法，却很容易被人们所忽视。本文拟就动觉教学法在健身气功教学中的作用和方法谈谈本人的心得体会。

什么是动觉？动觉也称运动觉或本体感觉，它负责将身体运动的信息传入大脑，使个体对身体各部的位置和运动有所觉知。它是身体活动时，肌肉与肌腱的扩张与收缩，以及关节之间的压迫，产生刺激并引起神经冲动，传入中枢神经系统而引起的身体感觉。动觉教学法，是通过身体动作，感觉自己或别人在做动作时的身体变化，学习和领悟动作要点的教学方法。说它古老，是因为这种方法在前人授徒中早已采用，这种方法过去人们称之为“身授”，由于气功是一种人体内外相合的运动，有的动作，运用人的语言不能作出全面正确的解释，它具有“只能意会，不能言传”的特性，因此许多功法要点要让徒弟亲身体会、感知，才能真正领会。说它新颖，是因为它还未在教学法中下定义，未被广泛推广。这种教学法在健身气功教学中具有可让动作要点和功法要领形象化、具体化，可操作性强，较容易引发学员学习兴趣，给学员形成深刻的动作表象及加快对动作内涵的理解等作用。

一、动觉教学法符合运动技能形成的原理

根据运动技能形成的本质以及发展规律可知，学习和掌握运动技能的本质就是建立运动条件反射的过程。健身气功技能的形成过程，就是在多种感觉机能参与下同大脑皮质动觉细胞建立暂时的神经联系。尤其是本体感觉，对形成健身气功技能尤其具有特殊意义。身体运动产生的本体感觉刺激，是形成运动条件反射的必要条件之一。在形成条件反射的过程中，肌肉的传入冲动（本体感受性冲动）起着重要作用。相反，没有这种传入冲动，条件刺激就得不到强化，同时由运动中枢发放神经冲动传出至肌肉效应器官引起活动这个复杂过程条件反射就不能形成，运动技能就不能掌握。而健身气功是以自身形体活动、呼吸吐纳、心理调节相结合为主的运动，其技能形成比其他的运动技能的形成更注重本体感觉。所以动觉教学法对健身气功技能形成具有重要意义。这也是传授气功的某些动作技术过程中必须“身授”的主要原因。

二、动觉教学法具有变抽象为具体的作用

健身气功中许多动作要领和内涵都是很抽象的。在教学中，如何把这些抽象的要领和内涵讲清楚，让学员真正领会和理解是提高教学效果的关键。而动觉教学法恰恰是解决此问题的好方法，它具有变抽象为具体的作用。例如，在讲健身气功中所称的“气感”原理时，我通过运用一个简单的身体动作（两手臂伸直放在体侧与身体成45°角，手掌平放，

手心向下，然后两肩膀主动做上下运动)，让学员很快体会到手掌及手指的麻胀现象，并迅速引起了他们的学习兴趣，然后再通过对气血关系及经络等知识的讲解，使他们很快就理解了这一抽象的“气感”原理。

又如我在教健身气功·易筋经的三盘落地势，对口吐“嗨”音的功理作用讲解时，要求学员用手轻贴下腹处和胸部，体会口吐“嗨”音时气下沉到“丹田”的手部感觉。这样就比较容易掌握口吐“嗨”音时“气沉丹田”，使体内真气在胸腹间相应地降、升，达到心肾相交、水火既济的内涵。

三、动觉教学法具有提高学习及练功兴趣的作用

四种健身气功（易筋经、五禽戏、六字诀、八段锦）都具有以腰为主轴和枢纽，旋腰转脊，伸筋拔骨，以及动作柔和匀称、协调美观的特点。但对初学者来说，这个特点比较难于掌握。辅导员可以采用“固定体验法”进行教学，也即是用双手固定学员胯部，让学员体会旋转腰部，体验腰部肌肉的松紧变化的方法。例如，健身气功·易筋经的摘星换斗势和九鬼拔马刀势的动作要领都是胯部不动，进行脊柱左右旋转屈伸运动。我要求学员之间互相交换固定腰胯，体会脊柱左右屈伸时腰部的肌肉感觉。这样，他们有了感觉，学习的信心就增强了，很快就体会到旋腰转脊、伸筋拔骨这一动作要点。

又如在教刚柔相济、虚实相兼的阴阳相互转化的功法特点时，我以易筋经的出爪亮翅势为例，先示范动作，让学员用手放在我的背部夹脊处和手的前臂或上臂上，体会我用内劲和用僵力的不同感觉，以及刚柔变化过程的感觉。然后让

他们相互体验、实践，让理性认识得到感性的验证，从而学会用劲与用力的区别，以及刚柔变化中的阴阳转化规律。同时还可将刚中含柔、柔中寓刚的抽象功法要求变得具体形象，加速对功法要求的掌握和理解。真可谓一举三得！这样，学员们学得津津有味，兴趣盎然，大大提高了练功的热情和学习效果。

四、动觉教学法具有调整身形，体会动作内涵的重要作用

动觉教学法对调身很有帮助，如健身气功·易筋经的韦驮献杵第一势，这是一个调身的姿势，要求两掌合于胸前并与膻中穴相对，但初学者两手和两肘的位置很难放准确，如果用一根棍子（约1.5米长）当杵放在学员两前臂肘部抬住，让他们体会这个动作的本体感觉，他们就会很快找准应放的部位了。另一方面，这根棍子也可垂直放在学员背后，让他靠住棍子来体会正确的身形（如没棍也可靠墙壁或坐在凳子上来体会）。这样，身形调整正确后，就容易进一步达到“息调”“气定”的要求。气机能定，则自然心境澄清、神意内敛，进而达到三调的统一，从而真正体会到“气定神皆敛，心澄貌亦恭”的深刻内涵。

在普通教学中，最需要强调的是理论联系实际，避免从书本到书本的弊病。在健身气功教学中，理论永远要伴着实践，动觉教学法就是实践，边做边讲，边做边体会。因此，在教学中设法使学员通过本体感觉获得正确的肌肉感觉，是将抽象的动作概念转换为具体操作动作的有效方法，也是加速健身气功运动技能形成的一种重要途径。

参考文献

[1] 国家体育总局健身气功管理中心. 健身气功社会体育指导员培训教材 [M]. 人民体育出版社，2007.

[2] 国家体育总局健身气功管理中心. 健身气功二百问 [M]. 人民体育出版社，2007.

[3] 国家体育总局健身气功管理中心. 健身气功·导引养生功十二法 [M]. 人民体育出版社，2010.

[4] 宋天彬，刘元亮，等. 中医气功学 [M]. 北京：人民卫生出版社，1996.

[5] 刘天君，华卫国. 中医气功学 [M]. 中国中医药出版社，2005.

[6] 中国健身气功协会. 走进健身气功 [M]. 北京体育大学出版社，2006.

[7] 郑建功. 中国气功图说 [M]. 吉林科学技术出版社，1994.

[8] 沈鹤年. 实用气功疗法教程 [M]. 武汉大学出版社，1987.

[9] 李德新. 中医基础理论 [M]. 人民卫生出版社，2001.

[10] 洪蕾，陈建萍. 中医药文化学 [M]. 科技出版社，2016.

[11] 北京大学第三医院运动医学研究所. 运动治病手册 [M]. 北京：人民日报出版社，2006.
[12] 王华，杜元灏. 针灸学 [M]. 中国中医药出版社，2012.
[13] 孙同德. 中国养生术 [M]. 新华出版社，1993.
[14] 焦国瑞. 气功养生法 [M]. 上海科学技术出版社，1964.
[15] 马济人. 实用中医气功学 [M]. 上海科学技术出版社，1992.
[16] 邓铁涛，白家祯，曾一玲. 八段锦与健康 [M]. 广东科技出版社，1985.
[17] 李世昌. 运动解剖学 [M]. 高等教育出版社，2006.
[18] 张力为，毛志雄. 运动心理学 [M]. 华东师范大学出版社，2003.
[19] 邓树勋，王健，乔德才. 运动生理学 [M]. 高等教育出版社，2009.
[20] 王玉川. 中医养生学 [M]. 上海科学技术出版社，2008.
[21] 张广德. 导引养生功标准教程 [M]. 北京体育大学出版社，2003.
[22] 黄蕴兮. 脉确 [M]. 中医古籍出版社，1981.
[23] 黄帝内经 [M]. 姚春鹏，译注. 中华书局出版社，2010.
[24] 明·张景岳. 质疑录 [M]. http://www.zysj.com.cn/lilunshuji/zhiyilu5586/274-18-0.html.

后　记

气功源远流长。据考古发现，在中国青海出土的马家窑文化时期（约5000年前）彩陶罐上就有习练气功的彩绘人像（关于八段锦的源流历史，请参看国家体育总局健身气功管理中心编的《健身气功社会体育指导员培训教材》）。千百年来，气功在增强人民体质、培养品德意志、规范社会行为等方面起着重要的作用。尤其是在当今世界，各国医疗负担都有逐渐加重的趋势环境下，健身气功正以其符合现代生物、心理、社会医学模式的独特功能，弥补了现代主流医学的不足，在帮助人们祛病健身、延年益寿，以及构建和谐社会方面发挥着积极作用。

笔者从小酷爱武术、气功，机缘巧合，于2004年在体育局接到推广健身气功的学习和工作任务，并有幸得到杨柏龙、石爱桥教授的悉心传授和指导。自此，踏上了国家倡导的健身气功学习和教学之路。

在学习和教学过程中，健身气功首先给我带来了身体感受、思想熏陶、技术及理论的提升，以及人际关系的发展等，可谓是获益良多。其中让我感触最深的是身心健康方面，笔者从健身气功的学习和修炼过程中，发现自己的思想、精神意识不断提高，也放下了许多令人后悔和难以释怀的陈年过失，并能从容应对工作、生活中所遇到的紧张事情，为自己建立了良好的个人处事方法和生活方式，身心能常常保持愉悦的状态。其次是获得更广的人际关系。通过健身气功学习交流和教学活动，认识了更多的教授、专家、学者、朋友和群众，使我的朋友圈更大更广，让我人生的道路越来越宽。再次是拓展了人生的价值。通过健身气功的学习、教学和研究，使我有机会成为国家体育总局对外健身气功教练员和科研骨干培养对象，先后被派往法国、加拿大等国家进行健身气功推广教学等活动，并获得温哥华市政府的表彰及国家对外健身气功教学贡献奖等荣誉。更值得高兴的是让我有机会作为全国体育系统的先进工作者代表获得习近平等国家领导人的接见、表扬和鼓励等殊荣。这些都是我人生道路上意想不到的成功和收获。

由此可见，学习和研究健身气功，不仅能体验中国优秀传统文化，获得良好的身心健康，而且能让人懂得“做人的真谛”而“拓展人生的价值”，还可以广结天下朋友，让人际关系更加和谐和友善，人生更充满活力和精彩！

因此，我希望能将这有益于身心健康的健身气功与众人分享，共同走健身气功修炼的健康之路。

为了能更好地将健身气功分享给世界人民，促进人类健康事业的发展，笔者针对健身气功·八段锦的功法内涵和修炼要领，透过文献资料和自身实践经验进行了深入详细的分析研究，并将各式研究结果及习练心得写成文章，得到了专家学者的肯定，先后刊登在《健身气功》杂志及中国健身气功协会官方微信上，并得到众多读者的好评和喜爱，甚至有些读者阅读后，还想方设法找到我的电话，联系我，并不远千里来到我的工作单位找我学习、交流研究，让我深受感动！为了感谢大家对本人的厚爱，特将有关健身气功·八段锦各式的文章重新整理，编撰成书，以让更多读者能更方便、系统地学习和认识中国优秀传统运动养生文化，掌握科学的修炼方法，为进一步学好、练好健身气功·八段锦服务。

本书在研究和编写过程中参考了大量的医学和气功文献资料，以及有关专家作者的研究成果，在此对相关作者表示深深的感谢！此外，还要感谢《健身气功》杂志编辑部包文辉主任及全体编辑同志、曾经教导过我的所有师友，特别感谢恩师黄帝全、杨柏龙、陈建萍三位教授的悉心教导和对本书提出的宝贵意见，杨柏龙、陈建萍两位教授还在百忙中为本书作序，在此再次表示衷心的感谢！

崔　建

2017 年 11 月 28 日

为方便读者与作者交流学习，附作者联系方式如下：

联系邮箱：aaatvb@126.com

微信号：872213349